맛있게 읽는 다문화 독서요리

초등 고학년

맛있게 읽는 다문화 독서요리 −초등 고학년−

초판 1쇄 인쇄 2017년 4월 10일
초판 1쇄 발행 2017년 4월 17일

지 은 이 임영규 · 안순선 · 박영덕 · 김수경 · 김동엽
펴 낸 이 정봉선
편 집 장 권이준
책임편집 강지영

펴 낸 곳 정인출판사
주   소 서울시 동대문구 천호대로 16가길 4
전   화 (02)922-1334
팩   스 (02)925-1334
홈페이지 www.pjbook.com
이 메 일 junginbook@naver.com
등   록 1999년 11월 20일 제303-1999-000058호

I S B N 979-11-88239-01-6 (73370)

* 책값은 뒤표지에 있습니다.

* 이 책에서 인용한 책들과 이미지의 원 저작자와 출판사의 사전 이용 허락을 얻지 못한 점 양해 부탁드립니다.
  추후에라도 저작권과 관련한 문의를 주시면 성실히 응하겠습니다.

모두가 행복한 미래 사회를 준비하는

맛있게 읽는 다문화 독서요리

임영규 · 안순선 · 박영덕
김수경 · 김동엽 지음

초등 고학년

정인출판사

다문화 시대를 대비하는 독서교육

알파고와 4차 산업으로 대표되는 미래 사회는 지금과 많이 다를 것이며 교육현실도 상상이상으로 큰 변화가 예상된다. 2015 개정 교육과정이 창의융합을 키워드로 내세운 것도 이와 무관하지 않다. 우리 자녀들이 주인공이 되는 미래사회가 모두가 행복한 사회가 되기 위해 우리는 지금 무엇을 해야 할까?

곧 현실화될 미래사회가 다문화사회라는 것은 부인하기 힘들다. 국가나 민간 단체 등에서 다문화사회를 준비하기 위해 매우 분주하다. 그럼에도 불구하고 진로교육처럼 다문화교육도 어딘가 조금 부족해 보인다. 바로 보여주기 위한 교육, 일회성 교육, 비교육적인 정책에서 연유된 것이 아닌가 한다. 연중 지속 가능하고 교육적인 다문화교육을 어떻게 학교 현장에서 실현할 수 있을까 하는 것이 우리 현장 교사들의 고민이었다.

이러한 고민을 이번에 〈다문화 독서 지도의 방법과 실제〉라는 책으로 풀어보고자 했다. 그리고 워크북인 〈맛있게 읽는 다문화 독서 요리〉라는 책으로 연중 지속 가능한 다문화 교육을 독서교육을 통해 구현해 보았다. 다문화 독서 지도란 다문화적 역량 강화를 목표로 다문화 주제어에 대한 지식과 기능 및 태도를 이해한 후, 다문화 도서를 읽고 다양한 주제별 독서활동을 지도하는 것을 말한다. 다문화 독서 활동을 통해 타문화의 생활양식과 가치관을 학습하고 존중하는 것, 그리고 편견을 배제하여 의사소통 장애를 극복하는 것을 중요한 목표로 삼는다. 즉, 다문화 독서 교육은 상호 평등한 관계 속에서 다양성을 추구하는 다문화 교육의 목적을 달성하기 위해 다문화 도서를 선별하여 읽고, 지식뿐만 아니라 도서가 함축하고 있는 주요 덕목을 체득하는 과정이라고 할 수 있다.

최근 다문화 교육에 대한 연구는 확산되고 있지만 다문화 독서 지도에 대한 관심은 비교적 낮다. 그래서 다문화 시대를 대비하기 위해 단편적인 다문화 교육에서 벗어나 다문화 교실에서 연중 지속 가능한 다문화 독서 지도가 필요하다는 의견이 제기되고 있다.

우리는 다문화를 제대로 이해하기 위해 연구자들과의 토론을 통해 6가지의 주제어를 추출하였다. 인권, 관용, 평화, 문화교류, 세계시

민, 상호협력 등이 그것이다. 다문화 덕목 여섯 가지를 주제어로 추출하여 다문화 이해 교육을 디자인하였고, 그 방법으로 다문화 도서를 선정하여 맛있게 읽는 독서요리를 기획하게 되었다. 다문화 가정 아이들의 인권을 존중하고 다문화 가정과 문화에 대해 관용하는 교육을 독서활동을 통해 배울 수 있다. 다문화 시대가 되면서 우리는 다문화 가정을 포함한 우리 모두가 평화로운 세상을 꿈꾸게 되었고 이를 위해 우리 사회 다수자인 주류 사회가 소수자를 돕는 상호협력의 문화가 형성되어야 한다. 나아가 이질문화를 배경으로 한 다문화 가정과도 문화교류가 가능해야 하며, 우리 모두는 특정한 나라의 국적에서 벗어나 인류 공동체의 일원으로 세계 시민의 정체성으로 지구촌 문제 해결을 위해 협력하는 사람이 될 수 있을 것이다.

다문화 주제어로 맛있게 요리하듯이 다양한 독서활동을 하다 보면 자신도 모르게 독서의 즐거움에 몰입하게 된다. 2015 개정 교육과정에서도 다문화 교육과 다문화 독서 지도가 강화되고 있다. 2015 개정 교육과정에서는 범교과학습 주제를 다문화교육을 포함한 10개의 범주로 통합·조정하여 학교 현장에서 다문화교육이 실제적으로 연중 지속 가능하게 개편되었다.

미래사회를 예측하고 독서교육을 통해 우리 미래를 준비하는 프로그램으로 우리는 다문화 독서, 인성 독서, 진로 독서 프로그램을 기획하였다. 그리고 현장 교사들의 연구와 고민을 담아 학교 현장에서 연중 지속 가능한 다문화, 인성, 진로교육을 독서교육으로 풀어 보고자 하였다. 나문화 독서 지도 방법과 실제도 이런 교육적인 목적으로 기획되었고 맛있게 읽는 다문화 독서요리로 디자인되었다. 연중 지속 가능한 다문화 독서 지도를 통해 미래의 우리 사회 구성원 모두가 행복한 삶을 살 수 있기를 간절히 소망한다.

2017년 3월
(사)전국독서새물결모임 회장 임영규

차례

머리말 • 4

맛있게 읽는 다문화 독서 지도 방법 • 8

인권   까매서 안 더워? • 나는 달랄이야! 너는?

무엇을 먹을까요? • 18
맛있게 읽어요 • 22
후식을 즐겨요 • 54

평화   자유의 노래 • 커피우유과 소보로빵

무엇을 먹을까요? • 60
맛있게 읽어요 • 64
후식을 즐겨요 • 96

관용   벌집이 너무 좁아! • 베트남에서 온 우리 엄마

무엇을 먹을까요? • 102
맛있게 읽어요 • 106
후식을 즐겨요 • 138

상호협력   이웃의 이웃에는 누가 살지? • 포기하지마! 롤러코스터

무엇을 먹을까? ● **144**

맛있게 읽어요 ● **148**

후식을 즐겨요 ● **180**

문화교류   함께 사는 다문화 왜 중요할까요? • 우리 앞의 세계화 이야기

무엇을 먹을까? ● **186**

맛있게 읽어요 ● **190**

후식을 즐겨요 ● **222**

세계시민   지구촌 곳곳에 너의 손길이 필요해 • 노란 샌들 한 짝

무엇을 먹을까? ● **228**

맛있게 읽어요 ● **232**

후식을 즐겨요 ● **264**

교사지도안 및 예시답안 ● **270**

부록 1 : 〈독서새물결 독서토론지-개요〉 ● **285**

맛있게 읽는 다문화 독서 지도 방법

1. 다문화 독서 지도의 이해

　다문화 독서 지도는 다문화적 역량(Cross-Cultural Competency) 강화를 목표로 다문화 도서를 선별하여 읽고, 그 주제를 바탕으로 다문화를 이해하는 다양한 독서활동을 지도하는 것을 말한다. 다문화적 역량이란, 문화적 차이를 가진 타자를 이해하고 공감하는 능력을 일컫는다. 오늘날 세계화와 더불어 다문화사회로의 진전이 가속화되고 있는 상황에서, 정체성을 찾고 문화적 차이를 유연하게 받아들일 수 있는 열린 감수성과 다른 문화에 대한 관용적 자세를 포괄하는 다문화적 감성과 역량은 새로운 다문화 환경에서 강조될 수 있는 시민적 자질이자 조직전문가의 중요한 역량 중 한 요소라고 볼 수 있다.

　교실 수업에서 교과서 및 기본 교재 외에 학생들의 눈높이에 맞는 도서를 교육 자료로 활용하는 것은 가장 일반적인 다문화 독서 지도 방법 중의 하나이다. 다문화 교육을 위해 활용되는 독서 자료는 아동 도서, 어린이 책, 아동 문학, 동화, 민간 서적, 상업 서적 등과 같은 다양한 용어로 불려진다. 그러나 각각의 용어들은 다문화 교육에서 활용하는 책의 특성을 명확하게 드러내 주지 못한다는 점에서 한계가 있다. 아동 도서나 어린이 책과 같은 용어는 도서를 사용하는데 적합한 연령 수준은 알려주지만 책의 내용이나 지향점과 같이 다문화 교육에 적합한 도서의 특성이 무엇인지를 드러내 주지는 못한다. 또한 동화나 아동 문학과 같은 용어는 다문화 교육을 위해 활용할 수 있는 도서의 선택 범위를 문학 장르로 제한할 우려가 있다. 물론 한주섭(1990)은 아동 문학이 단지 순수 문학뿐만 아니라 문학적인 표현 양식을 띠는 픽션과 논픽션을 모두 아우르는 폭넓은 개념이라고 설명한 바 있지만 문학 작품의 내용이 사실에 기반을 둔 것이든 창조된 것이든 등장인물과 스토리를 중심으로 한 문학적인 접근을 시도한다는 기본 특성은 공유한다.

　따라서 다문화 교육에서 활용하는 책을 문학 작품으로 규정할 경우 정보 전달을 목적으로 만들어진 다양한 책들을 포괄하지 못한다는 한계가 있다. 민간 서적이나 상업 서적과 같이 도서 개발 및 발행 주체에 초점을 맞추는 것 역시 정부 주도적으로 개발된 교과서에 비해 다양하다는 느낌은 전달되지만 다문화 교육에 적합한 도서로서 갖추어야 할 특성이 무엇인지를 뚜렷하게 드러내 주지는 못한다. 따라서 기존 용어들의 한계를 극복하고 다문화 교육에서 활용하는 도서의 성격이 무엇인지를 더 명확하게 드러내기 위해서 최근에는 다문화 도서(multicultural literature)라는 개념을 사용한다.

다문화 도서의 성격과 범위를 한마디로 정의하기는 쉽지 않다. 예를 들어, 해리스(Harris, 1992)는 다문화 도서를 미국 사회의 소수문화 집단인 아프리카계, 아시아계, 라틴계 미국인 등과 같은 유색인, 종교적 소수자, 장애가 있는 사람, 노년층에 초점을 맞춘 도서라고 정의한 바 있다(Au, 1993). 이 정의에서는 다문화 도서가 그 사회의 소수집단에 대한 내용을 다룬다는 점을 강조한다. 그러나 다문화 도서에서 더 중요한 것은 소수집단을 다루는 방식이다. 다문화 도서는 소수문화 및 그 집단 구성원의 삶을 문화 다양성의 관점에서 기술하여 특정 집단에 대한 편견과 고정관념을 해소할 수 있는 방식으로 그려낸다. 이와 같은 점을 강조하기 위해 박윤경(2007)은 다문화 도서를 '인종, 민족, 종교, 계층, 언어, 성, 장애, 연령, 가족 등과 관련하여 다양한 사회 집단의 문화를 다문화적인 관점에서 기술한 책'이라고 정의하였다. 와인바움(Weinbaum, 1999)도 다문화 교육을 위한 새로운 접근법으로 다문화 도서를 사용하는 것이 유익하다고 하였다. 왜냐하면 다문화 도서 속에는 다문화적 표현이 담긴 등장인물과 배경이 나타나기 때문에 다양한 문화를 지닌 다민족, 다인종의 사람들이 세상에 있다는 것을 쉽게 인정하고 받아들일 수 있게 하기 때문이다. 따라서 학생들은 다문화 도서를 자주 접해봄으로써 다양한 문화 속에 사는 다채로운 삶을 그들의 생각과 행동 속에 포함할 수 있는 기회를 가진다.

정리하자면, 다문화 도서는 내용 및 관점의 차원에서 크게 세 가지 특징을 가지고 있다. 첫째, 내용의 차원에서 다양한 집단 구성원의 삶과 문화, 혹은 문화 다양성을 주제 및 소재로 다루는 책이다. 둘째, 관점의 차원에서 다양한 문화가 공존하는 것의 장점과 가치를 기본 바탕으로 하는 책이다. 셋째, 세계화 시대에 다양한 인종과 문화 및 가치를 어떠한 관점에서 바라보고 대응해야 하는지를 담고 있는 책이다. 이에 다문화 도서에는 시나 소설과 같은 문학 작품은 물론 특정 주제를 중심으로 지식과 정보를 제공하는 정보 도서도 포함된다(박윤경, 2007).[1]

---

[1] 다문화 도서는 일반적으로는 문자 언어를 활용한 서책의 형태이지만, 최근에는 전자책, 또는 영화나 만화 등 시청각 매체로 표현되기도 한다. 박윤경(2007). "지식구성과 다문화 문식성". 『독서연구』, 18(2). PP.97~126.

한편, 오늘날 독서의 개념을 정립하는데 있어서 특히 주목되는 요소는 독서의 물리적 대상이 되어온 '책'의 형태적 변화이다. 이는 영상 매체 이용의 급증에 따른 변화로써, 예컨대 인터넷상 웹사이트 등의 전자출판물 등이 있다. 따라서 이때의 독서란 문자의 의미를 도출해 내는 문자해독이나 단순한 의미전달 행위로부터 변화하여 수많은 정보와 지식을 담고 있는 독서 자료를 분석, 종합, 추론, 판단하는 주도적이며 주체적인 사고과정(고수진, 1997)으로 정리된다. 요컨대 오늘날처럼 다매체가 공존하는 시대에는 출판매체의 독서 개념이 타매체에도 적용되어 텔레비전을 위시한 시·청각 매체의 수용에도 독서라는 용어를 사용하며, 지면 독서와 화면 독서 등 매체 해독의 개념으로 확산되고 있다.

따라서 독서활동이란 단지 문자로 이루어진 글 또는 그러한 글들이 일정한 분량으로 함께 묶여진 책을 대상으로 하는 것만이 아니라 인간이 접하는 모든 전달 매체들을 대상으로 정보와 지식, 생각과 느낌을 공유하고 키우는 행위라고 할 수 있다. 이런 맥락에서 독서는 책읽기만이 아니라 텔레비전과 인터넷, 비디오, 영화는 물론 앞으로 나올 미지의 전달 매체까지 수용하는 것을 뜻한다. 다문화 시대이자 정보 홍수의 시대인 요즘, 다양한 미디어들을 모두 활용할 수 있는 능력은 필수이고, 이와 관련된 능력이 바로 독서라는 사실을 새롭게 거듭 확인할 필요가 있다(백진현, 2004). 즉, 다문화 독서 지도란 다문화 도서 읽기는 물론 텔레비전 읽기, 영화 읽기, 인터넷 읽기 등 사람이 시각적으로 접할 수 있는 모든 자료의 해석과 처리 창출에까지 걸친 활용 행위를 말하며, 이를 통해 독자들로 하여금 문화적 차이를 가진 타자를 이해하고 공감하는 능력인 다문화적 역량을 개발할 수 있도록 지도하는 것이라 정의할 수 있다.

2. 주제별 다문화 독서 지도

우리 사회는 사실상 다문화사회로 변해가고 있다. 그리고 향후 그 전이 속도 또한 점차 빨라질 것이다. 따라서 민족이나 인종, 종교, 계층, 성적 지향성 등 여러 차원에서 날로 증대되고 있는 문화 및 정체성의 다양성을 공적으로 인정하고 통합함으로써 상호 이해와 배려, 협력과 공존의 사회문화적 풍토를 형성하고 평화적이고 조화로운 사회를 구성하려는 노력을 지속해야 한다. 결국 문제의 핵심은 특정 사회의 다문화적 상황에 적합한 제도 및 사회문화적 관행을 어떻게 정착시킬 것인가이다. 이는 곧 한 사회가 점차 이질적이고 다양해지는 문화적 배경과 정체성을 지닌 사회 구성원과 어떠한 방식으로 상호 협력 체제를 구축하고 어떠한 모습의 사회를 함께 설계해 나갈 것인지에 대한 비전과 선택의 문제로 귀결된다(차윤경 외, 2012).

사회적으로 인성교육의 필요성과 중요성이 강조되면서 건전하고 올바른 인성을 갖춘 시민 육성을 목적으로 한 인성교육진흥법[2]이 2014년 12월 제정되었다. 인성교육진흥법에서 말하는 인성교육의 핵심 가치와 덕목이란 인성교육의 목표가 되는 것으로 예(禮), 효(孝), 정직, 책임, 존중, 배려, 소통, 협동 등의 마음가짐이나 사람됨과 관련되는 핵심적인 가치 또는 덕목을 말한다. 그리고 핵심 역량이란 핵심 가치와 덕목을 적극적이고 능동적으로 실천 또는 실행하는 데 필요한 지식과 공감·소통하는 의사소통 능력이나 갈등해결 능력 등이 통합된 능력을 말한다.

그렇다면 다문화교육의 핵심 가치와 덕목에는 어떠한 것들이 있을까? 다문화교육의 선구적인 학자인 뱅크스(1993)는 '다문화교육은 교육철학이자 교육개혁으로 교육기관의 구조를 바꾸어 학생들에게 평등한 교육 기회를 제공하는 것이 중요한 목표'라고 정의하였다. 여기서 교육기관의 구조는 건물 등의 물리적인 구조가 아니라 사람들의 인식의 구조를 의미한다. 즉, 사람들의 인식의 구조를 변화시키기 위해서는 교육과정 개혁을 통한 종합적인 학교 개혁이 필요하다는 것이다.

한편, 골릭과 친(Gollnick & Chinn, 2009)은 '다문화교육은 교육에 평등성과 다양성을 포함시킨 개념'이라고 규정하며 평등교육을 강조하였다. 여기에서 평등성이란 모든 학생이 그들이 속한 집단에 상관없이 동등한 혜택을 보장받는 것을 의미한다고 설명한다. 또한 베넷(Bennett, 2011)은 다문화교육의 개념을 평등교육, 교육과정 개혁, 다문화적 능력, 사회 정의를 향한 교육의 네 가지 구성 요소로 설명한다. 그리고 차윤경·함승환(2012)은 다문화사회의 비전 설정과 관련된 핵심 가치와 사회문화적 원리를 '인권,

---

[2] 이 법은 「대한민국헌법」에 따른 인간으로서의 존엄과 가치를 보장하고 「교육기본법」에 따른 교육이념을 바탕으로 건전하고 올바른 인성(人性)을 갖춘 국민을 육성하여 국가사회의 발전에 이바지함을 목적으로 한다.

개인성, 사회정의, 민주주의'라고 밝힌 바 있다.

다문화교육 학자들의 주장에 근거한다면, 다문화사회를 이해하기 위한 다문화 독서 지도의 핵심 가치에는 어떠한 것들이 포함되어야 할까? 다문화 독서 지도의 목표는 독서를 통해 다문화적 역량(Cross-Cultural Competency)을 강화하는 데 있다고 할 수 있다. 다문화적 역량이란 문화적 차이를 가진 타자를 이해하고 공감하는 능력을 일컫는다. 오늘날 세계화와 더불어 다문화사회로의 진전이 가속화하고 있는 상황에서, 정체성을 찾고 문화적 차이를 유연하게 받아들일 수 있는 열린 감수성과 다른 문화에 대한 관용적 자세를 포괄하는 다문화적 감성과 역량은 매우 중요하다. 이는 새로운 다문화 환경에서 강조될 수 있는 시민적 자질이자 조직전문가의 중요한 역량 중 한 요소라고 볼 수 있다. 이와 같은 다문화적 역량을 강화하기 위해서는 인권, 관용, 평화, 상호협력, 문화교류, 세계시민 의식 등 6가지 영역을 우선적으로 지도할 필요가 있다.

요약하면 효과적인 다문화 교육을 위해 다문화 독서 지도가 필요하며, 앞서 언급한 6가지 주제어를 통해 다문화적 역량을 강화할 수 있다. 이에 먼저 6가지 주제어의 개념과 선정된 도서를 소개하고, 주제별 다문화 독서 지도의 방법에 대해 살펴보고자 한다.

다문화 독서 지도의 핵심 역량

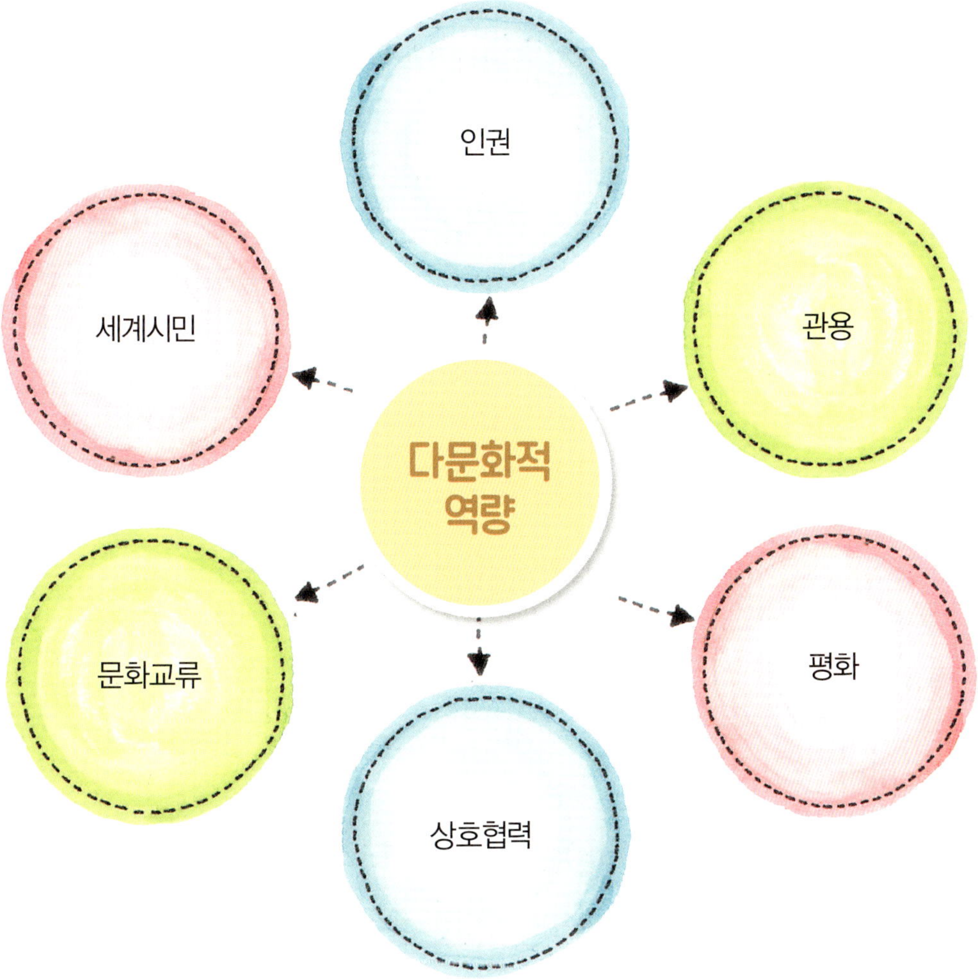

- 인권
- 관용
- 평화
- 상호협력
- 문화교류
- 세계시민

→ 다문화적 역량

핵심 역량별 다문화 독서 지도의 목표

주제	지식	기능 및 태도
인권	사람이 개인 또는 나라의 구성원으로서 마땅히 누리고 행사하는 기본적인 자유와 권리	인간의 기본권 존중 인권 보장 자유와 권리 실천
평화	평등을 바탕으로 모든 민족과 문화, 문명, 가치, 생활양식에 대한 이해와 존중	문화적 다양성 이해 인권 존중 환경 및 생태계 존중 전쟁 방지 국제 문제 해결 국제 관계 이해
관용	남의 잘못을 너그럽게 받아들이거나 용서하는 마음, 타인의 생각이나 행동을 인정하고 받아들이는 자세	다양성에 대한 존중 보편적 인권 존중 기본적 자유 인정
상호협력	상대가 되는 이쪽과 저쪽 모두 서로 돕는 마음으로 힘을 모음	상호 존중 국제개발협력 국제 평화와 안전 유지 국가 간 우호 증진
문화교류	이질문화를 배경으로 한 조직이나 국가 혹은 인간간의 접촉이나 교류	문화적 다양성 존중 불평등과 편견 전환 민족에 대한 이해와 존중 문화와 문명 이해 가치와 생활양식 이해와 존중
세계시민	특정한 나라의 국적에서 벗어나 인류 공동체의 일원으로서 세계 공동체 의식을 가지고 지구촌 문제 해결을 위해 협력하는 사람	전 지구적 문제 자국의 전통문화 유지 세계 공동체성

다문화 독서 지도 핵심 역량별 선정 도서

주제		선정 도서 (워크북 참고)
인권	초등 저학년	1. 국경을 넘어야 하나요? 2. 천사들의 행진
	초등 고학년	1. 까매서 안 더워? 2. 나는 달랄이야! 너는?
평화	초등 저학년	1. 다문화 친구 민이가 뿔났다 2. 싸움 대장
	초등 고학년	1. 자유의 노래 2. 커피우유과 소보로빵
관용	초등 저학년	1. 젓가락 달인 2. 다를 뿐이지 이상한 게 아니야
	초등 고학년	1. 벌집이 너무 좁아! 2. 베트남에서 온 우리 엄마
상호협력	초등 저학년	1. 너랑 짝꿍하기 싫어! 2. 찬다 삼촌
	초등 고학년	1. 이웃의 이웃에는 누가 살지? 2. 포기하지마! 롤러코스터
문화교류	초등 저학년	1. 우리 동네 마릴리 아줌마 2. 너는 들창코 나는 발딱코
	초등 고학년	1. 함께 사는 다문화 왜 중요할까요? 2. 우리 앞의 세계화 이야기
세계시민	초등 저학년	1. 지구가 100명의 마을이라면 2. 내가 라면을 먹을 때
	초등 고학년	1. 지구촌 곳곳에 너의 손길이 필요해 2. 노란 샌들 한 짝

3. 맛있게 읽는 다문화 독서 지도의 방법

프란시스 베이컨은 '독서는 완전한 인간을 만들고, 토론은 부드러운 인간을 만들며, 논술은 정확한 인간을 만든다'고 했다. 책은 읽는 사람에게 균형 감각을 가질 수 있도록 해주며, 책을 읽고 서로 이야기를 나누는 과정에서 다른 사람을 배려할 줄 아는 따스함을 지닐 수 있도록 해준다. 또한 책을 읽은 후 논리적으로 자신의 생각을 표현하기 위해서는 정확한 지식이 있어야 함을 시사하는 명언이다. 즉, 책을 읽는 사람은 그 자체로 참된 벗과 친절한 충고자를 만나게 되며, 유쾌한 반려자와 충실한 위안자의 결핍을 느끼지 않게 되는 것이다.

이 책은 다문화 관련 주제를 추출하고 관련 도서를 매개로 하여 다문화 교육을 어떻게 독서지도를 통해 행복하게 할 수 없을까 고민한 결과를 맛있는 요리와 접목시켜 디자인해 보았다. 다문화 독서요리는 다문화 관련 주제를 담고 있는 책을 읽고, 다양한 독서활동을 하면서 자연스레 다문화를 이해하고 모두가 행복한 다문화 시대를 준비하도록 크게 3단계로 디자인하였다.

먼저, 다문화 도서를 들여다보는 〈무엇을 먹을까요?〉이다. 이 단계에서는 다문화 핵심 주제 관련 이야기를 나누고 배경지식을 활성화하는 단계이다. 이 〈무엇을 먹을까요?〉 단계를 통해 다문화의 핵심 주제를 이해하고 목적을 가지고 대상 도서를 살펴볼 수 있다.

두 번째는 〈맛있게 읽어요〉 단계이다. 이제 다문화의 주제를 알고 대상 도서를 읽었으니 그 대상 도서를 요리하듯이 재미있고 맛있게 이해하는 단계이다. 두 번째는 다시 5단계를 거쳐 맛있게 요리된다.

제1단계 '미리 맛보기'는 마음을 여는 단계이다. 대상 도서가 어떤 맛인지 살짝 맛보는 단계이다. 도서의 내용과 관련된 읽을거리를 읽고, 자신의 경험 또는 배경지식을 묻는 문제 등을 해결하게 된다. 이런 문제를 해결하다 보면 다문화와 대상 도서에 대한 호기심이 커지고, 다문화에 대해 좀 더 폭넓은 시야도 갖게 된다.

제2단계 '차근차근 맛보기'는 내용을 이해하는 단계이다. 대상 도서의 내용을 중심으로 발문을 생성하고 도서를 꼼꼼히 읽었는지, 다문화에 대해 제대로 이해했는지를 확인한다. 이 과정을 통해 읽은 내용을 잘 정리하여 글로 표현할 줄 알고, 도서를 정독하는 습관을 갖게 되며, 책 읽기에 대한 흥미가 높아짐으로써 집중력이 길러진다.

제3단계 '다양한 맛 즐기기'는 내용을 넓고 깊게 생각하는 단계이다. 대상 도서와 다문화 주제를 좀 더 심화 확장하여 이해하는 활동을 하게 된다. 즉, 도서의 내용을 바탕으로 상상이나 추론, 분석을 할 수 있는 발문을 해결하게 된다. 이러한 발문을 해결함으로써 글의 내용을 단순히 이해하는 단계를 뛰어 넘어 깊은 창의적 사고력을 갖출 수 있다.

제4단계 '함께 맛 나누기'는 독서토론 단계이다. 책을 읽고 다문화 관련 주제를 추출하여 토의와 토론하는 활동으로 진행된다. 한쪽 입장을 선택하여 다양한 근거를 설정하거나, 문제점에 대한 해결 방안 및 대안을 마련하는 과정을 통해 비판력과 창의적 문제 해결력 그리고 공동체성을 기를 수 있다. 이 함께 맛 나누기 독서토론 활동을 통해 다문화에 대한 다양한 현실 문제에 대해 토론하며 다문화를 훨씬 잘 이해하게 될 것이다.

제5단계 '쓱싹 쓱싹 요리하기'는 재미있는 독서 글쓰기 단계이다. 독서토의나 토론 내용을 바탕으로 다문화 글쓰기를 하는 시간을 갖는다. 먼저 개요표를 작성한 후 타당한 근거를 들어 글쓰기를 하다보면 자신의 생각을 논리적으로 차근차근 표현하는 능력을 키울 수 있다. 따라서 이 과정을 통해 표현력과 논리적 사고력을 기를 수 있고 다문화 관련 글쓰기에 대한 자신감도 얻게 된다.

마지막 세 번째는 〈후식을 즐겨요〉 단계이다. 그동안 맛있게 요리한 다문화 독서요리를 일상생활에 적용하는 단계이다. 책을 읽고 여러 활동을 하느라 힘이 들기도 했지만, 한 단계씩 해결하면서 보람과 즐거움도 느꼈을 것이다. 후식을 즐기는 가벼운 마음으로 행복한 다문화를 경험하고 적용해 보기 바란다. 다문화 관련 이야기를 나눌 수도 있고, 다문화 관련 매체를 소개할 수도 있다. 행복한 다문화 이야기를 후식으로 맛있게 나눌 수 있기를 바린다.

무엇을 먹을까요?

인권

1. 다문화 속 인권에 대해 알아보아요.

"한국인들은 피부색에 따라 다르게 대해요"

"식당에 갔는데 상한 음식을 주는 거예요. 외국인이라서 그런 것 같아요. 가난한 사람들에게는 상한 음식을 줘도 그냥 먹을 거라고 생각했던 것이겠죠."

방글라데시에서 온 압둘(가명) 씨는 한국음식을 좋아한다. 처음부터 좋아했던 것은 아니다. 1997년에 한국에 와 10년 넘게 한국음식을 먹다 보니 이제 한국음식은 뭐든지 잘 먹게 되었다. 압둘 씨는 21살에 산업연수생으로 한국에 들어오게 되었다. 가족들을 '먹여 살리기' 위해서 돈을 벌려고 산업연수생을 지원했다.

"그 당시 산업연수생 때 한 달에 34만원 받았어요. 그런데 사장이 그 중에서도 15만원을 떼고 줬어요. 그걸 모아놨다가 귀국할 때 주는 거죠. 그 전에 도망갈까 봐 그런 거예요. 한국 사람들과 똑같은 시간에 똑같은 일을 해도 한국 사람들은 120만원을 받는데, 우린 34만원 받았어요. 명절 보너스도 한국 사람들에게는 2백 프로, 5백 프로 주면서 우리는 겨우 2만원, 3만원 줄 뿐이었죠."

34만원 월급으로는 산업연수생 기간인 3년이 지나도 충분한 돈을 모을 수 없었다. 그래서 결국 어쩔 수 없이 '불법체류'를 하게 되었다. 2004년부터는 단속이 심해지면서 일자리를 구하기도 힘들어졌다. 안정된 직장을 거의 갖지 못하고 주로 아르바이트를 하며 살았다. 그러다가 지금은 허리 디스크에 걸려 돈도 벌지 못하고 제대로 다니지도 못하고 있다.

10년 동안 한국에서 지내다 보니 한국 생활이 익숙해졌지만, 여전히 어려움은 적지 않다. 무엇보다도 사람들의 편견과 차별로 힘들 때가 많다. 피부색이 검다고 욕하는 경우도 있었고, 외모가 다르다고 시비를 거는 사람들도 있었다. 처음 보는 한국인인데도 반말을 하는 건 예삿일이다. 압둘 씨는 대부분 그냥 넘어가는 편인데, 간혹 같이 있던 한국인들이 오히려 반말 하는 사람에게 항의를 할 때가 있었다. 그러면 대부분 그 한국인은 뭐라 대꾸를 못 하면서도, 반말은 고쳐지지 않는다.

"한국인들이 보자마자 반말하는 건 예삿일"

한국은 경제 성장 과정에서 값싼 노동력을 필요로 했고 산업연수생제도 등을 통해 외국에서 노동력을 적극적으로 '수입'했다. 처음엔 한국으로 이주해온 노동자들의 수도 그리 많지 않았고, 정부가 이주노동자들에 대해 강력한 통제·관리 정책을 실시한 결과 한국 사회에서 이주노동자들의 존재는 전혀 부각되지 않았다. 존재하지만 존재하지 않는 것처럼 받아들여지는 존재. 한국 사회에서 이주노동자들은 '투명인간'이었다. 하지만 신자유주의가 심화되면서 기업은 인건비를 계속 줄여나갔고 이주노동자를 통해서 노동력을 값 싸게 채워나갔지만, 다른 한편으론 모순적이게도 이주노동자들을 적대시하면서 통제하기 시작했다. 이주노동자들을 '값 싸게' 받아들였지만, 마치 1회용처럼 그들을 간단히 '쓰고 버렸다'. 이주노동자들이 한국에 오래 머물면서 정주하지 못하도록 끊임없이 '불법체류'라는 굴레를 씌운 결과 30만 명이 넘는 미등록 이주노동자들이 생겨났다. 그리고 이주노동자들이 저임금 산업 분야에서 집중적으로 일하게 되면서, 저임금 산업 분야에 있던 한국인 빈곤층과 경쟁하는 관계에 놓이게 되는 한편 이주노동자 집단은 한국 사회에서 새로운 빈곤 계층으로 자리 잡게 되었다.

"고급식당에 간 적이 있었는데 식당에서 일하는 사람이 내 외모만 보고 무시하는 경우도 있었어요. 그런데 백인 손님들에게는 친절하게 대하는 것 같더라고요. 정말 기분 나빴어요. 피부색과 어느 나라에서 왔는지에 따라 한국 사람들이 다르게 대하는 경우가 많아요."

경제 성장 과정에서 한국 사회는 '선진국'에 대해서는 동경심을 가지는 동시에 '후진국'에 대해서는 우월감을 갖게 되었다. 경제력의 차이에 따라 국가 사이에서도 위계가 만들어진 것이다. 그리고 국가들 사이의 위계는 사람들 사이의 위계로 이어졌다. 한국의 경제 성장 과정에서 주로 동남아시아 출신 이주민들이 한국에 들어오게 되었고, 상대적으로 경제력이 낮은 동남아 국가에 대한 한국인들의 우월의식은 동남아 출신 이주민들에게로 이어졌다. 경제 성장 과정에서 '가난한 나라'에서 온 사람들이 많이 늘어났는데 그들 대부분 저임금 업종에서 일하고 있고 또 외모도 달랐던 것이다. 그 과정에서 '가난한 나라'에 대한 우월의식과 차별은 그대로 '사람'에게 이어져 '가난한 나라 사람들보다 우월한 한국인/까만 피부의 열등한 동남아 사람들'이라는 인종주의가 형성되었다.

〈출처 : 박석진(2016), [삶_세상 2] 이주노동자들 한국의 인종차별을 말하다. 인권오름: 부분편집〉

2. 다문화사회에서 '인권'은 왜 중요할까요?

인권은 사람으로서 살아가기 위해서 누려야 할 자유와 권리를 뜻한다. 근대 자유주의적 인권 개념의 가장 핵심적 가치는 '자유롭고 평등한 인간'으로 사람의 법적 기본적 권리를 넘어서 사람답게 살 권리를 의미한다.

세계인권선언의 제1조에서는 "모든 인간은 태어나면서부터 자유롭고, 존엄과 권리에 있어 평등하다."고 밝히고 있다. 즉, 인권은 외부로부터 주어지는 것이 아니라 태어날 때부터 부여된 인간의 권리이며, 단순히 생명을 유지하는 것이 아니라 인간의 존엄성을 보장받으며 살기 위해 충족되어야 할 삶의 필수조건인 것이다.[1]

인권을 이야기 할 때, 인간은 대상이 아니라 권리의 주체이다. 어떤 규약이나 선언의 서두에 '모든 인간은'이나 '인간은 누구를 막론하고'로 시작하는 것은 '한 사람 한 사람'이 권리의 주체임을 선언하는 것이다. 따라서 인권이란 말 속에는 주체 개념과 주체로서 가지는 권리 개념이 들어있다고 볼 수 있다.

인권은 단순히 '법적 권리'가 아니라 하나의 '사상'이며, '인간의 권리'가 아니라 '인간답게 살 권리'이다. 즉 사람의 사람다움을 실현할 권리인 것이다. 이는 인간적인 모든 것을 인정하고 정당하게 보려는 인간관이 관통하고 있으며 사람이 목적이고, 가치의 근거이며, 사람의 사람다움이 최고의 가치임을 말해주는 것이다.[2]

인권의 보장에 대하여 근대와 현대의 역사는 국제사회에도 적용되었다. 소수민족에 대한 종교의 자유 보장, 노예거래의 금지, 여성과 아동의 노동에 대한 일정한 규제, 전쟁에서의 최소한의 인권보호 등이 국제노동기구(ILO), 국제연맹, 국제적십자위원회 등을 중심으로 국제적인 합의나 국제법의 차원으로 규정되었다.[3] 유엔을 통해 보편적인 인식과 합의과정이 이루어졌다고 보기 때문에 오늘 날 인권문제를 논할 때 유엔의 인권선언과 협약이 중요한 근거가 된다.

현대 다원주의 사회는 타집단과 타문화의 다양한 신념과 가치를 존중하는 관용의 정신을 요구하는 동시에, 시민들이 겪고 있는 복잡한 갈등 문제를 해결하기 위한 최소한의 보편적 기준을 필요로 한다. 인권은 다원주의와 관용이 넘어설 수 없는 한계이자 시민들 간의 갈등을 해결하기 위한 최소한의 선이다.

---

1) 세계인권선언 제1조
2) 유네스코한국위원회편 (2000), 『인권교육 어떻게 할 것인가』, 오름, pp.11-12.
3) 이봉철, 『현대인권사상』, pp. 247-257.

맛있게 읽어요

1. 인권을 위한 첫 번째 책을 만나요

관련 핵심역량

자기관리역량, 심미적 감성 역량,
의사소통 역량, 공동체 역량

박채란 글 / 이상권 그림 / 파란자전거

어떻게 읽을까요?

1. 인권에 대하여 관심을 가지며 읽어요.
2. 차별을 당하는 다문화 친구들이 겪을 수 있는 마음의 상처를 이해하며 읽어요.
3. 우리 모두가 인권을 지킬 수 있는 방법을 생각하며 생각하며 읽어요.

어떤 내용일까요?

　이주민들은 공장에서 일하는 노동자로, 한국인과 결혼해서 부부로, 유학생으로, 연구자로, 사업가로, 한국의 아름다움을 보려는 여행자로…, 다양한 모습으로 한국을 찾아오지만 모두들 마음에 같은 희망을 가지고 있습니다. '나와 너, 모두가 행복한 세상에 대한 꿈'입니다.

－추천의 말 중에서－

　어눌한 한국말로 놀림받는 이주아동 티나와 민영이, 이주 가족이 겪는 어려움으로 고통받는 성완이, 이주노동자와 한국인 사이에서 태어난 코시안 동규의 이야기를 통해 다문화 아동의 삶에 대해 이해해 볼 수 있는 시간을 준다.

미리 맛보기   마음을 열어요

다문화시대 모르는 인터넷 인종차별

"주요 20개국(G20) 회의장 반경 2㎞ 이내에 무슬림 애들 접근금지시켜야 한다. 혹시나 모를 테러를 대비해서 접근시 전원 사살해버려라."

"(외국인 노동자들에 대한) 에이즈나 성병 등의 정보가 전혀 없다. 이들은 범법자다. 체류외국인으로서 기본적인 체류의 법을 어긴 준법정신의 기초가 심히 의심스러운 자들이다."

우리 사회가 빠르게 다문화 사회로 이행하고 있지만 특정 지역이나 국가 출신 외국인에 대한 인터넷상의 인종차별이 이처럼 심각한 수준인 것으로 나타났다. 국가인권위원회는 지난해 10월 한달 동안 인터넷 공개 블로그, 이미지, 댓글, 동영상 등을 모니터링한 결과 모두 210건의 인종차별 사례를 수집했다고 9일 밝혔다.

혼혈인의 증가를 막기 위해 국제결혼을 중단시켜야 한다는 등의 순혈주의를 노골적으로 드러낸 표현이나 특정 국가 출신 외국인을 테러리즘과 연결해 위협적인 존재로 부각시키는 내용 등이 특히 많았다. 인종차별로 지적된 사례 가운데는 지상파 방송에서 얼굴 생김새나 피부색 등을 이유로 특정 지역 외국인을 비하하는 경우도 있었다.

한 지상파 예능 프로그램에서는 가수 황보의 외모를 빗대 '동남아 스타일'이라고 하거나 영화배우 이선균의 머리 모양을 두고 '동남아 마약 판매상'이라는 자막을 쓴 것이 인터넷상에 그대로 올라와 있다. 한 인터넷 매체는 한 방송 출연자가 피부를 그을린 뒤 자신의 미니 홈피에 "저 아프리카 흑인 아닙니다"라고 올린 글을 그대로 제목으로 사용하기도 했다.

〈출처 : http://timetree.zum.com/19439/19476〉

1 '다문화시대 모르는 인터넷 인종차별'을 읽고 새롭게 알게 된 점이나 느낀 점을 두 가지 이상 써 보세요.

2 외국인들이 '다문화시대 모르는 인터넷 인종차별'과 같은 글을 인터넷을 통해 접하게 된다면 어떤 생각을 하게 될까요?

3 다문화시대에 누가 봐도 기분이 상하지 않을 내용으로 말주머니의 말을 재미있게 바꾸어 보세요.

 **차근차근 맛보기** 내용을 이해해요

어디서 났는지 티나는 철 지난 월드컵 응원용 붉은 티셔츠를 자주 입었다. 심지어 그 옷 한가운데에는 태극기까지 그려져 있었다. 어쩌다 한 번이면 몰라도 그런 옷을 늘 입고 다니는 건 우스웠다. 필리핀 아이의 가슴에 태극기라니. 반 남자 아이들은 가끔 티나가 그 옷을 입고 지나가면, 앞을 가로막고 국기에 대한 경례를 하며 놀렸다. 티나는 그냥 웃기만 했다. 그리고 다음 날이면 같은 옷을 입고 나타났다. 나는 종종 그런 티나를 물끄러미 바라보곤 했다. 티나는 나와 눈이 마주쳐도 보란 듯이 붉은 옷을 입은 어깨를 쫙 펴며 웃었다. 나는 티나의 눈빛이 말하는 소리를 들으며 깜짝깜짝 놀라곤 했다.

'봐, 난 한국을 응원할 때 입는 옷을 입었어. 나는 너희랑 같은 편이야. 나는 이 나라가 좋아. 난 여기 사는 게 좋다구. 그러니까 날 괴롭히지 말아줘.'

그건 일 년 전 미국에 있을 때 내 머릿속에서 울리던 목소리이기도 했다.

〈까매서 안 더워?〉 30~31쪽

1 위 글을 읽으면 등장인물들은 같은 반에서 함께 생활하지만 다문화환경에 적응하면서 서로 다른 반응들을 보입니다. 그 이유는 무엇일까요?

등장인물	다문화환경에 적응하는 반응	그런 반응을 보이는 이유
티나		
반 남자 아이들		
나		

2️⃣ 친구들과 연극 연습을 하다가 더위를 많이 타는 정준이는 동규에게 말 실수를 하게 됩니다. 아래의 정준이 말을 보고 여러분이 동규라면 어떤 기분을 느끼게 될지 생각해 보세요. 그리고 정준이에게 해주고 싶은 말을 적어 보세요.

> "내가 덥다는데 니가 무슨 참견이야. 넌 까매서 안 더운지 몰라도 난 더워! 그러니까 조용히 해!"

동규가 느낄 기분	
정준이에게 해주고 싶은 말	

3️⃣ 여러분도 동규네 반처럼 연극을 하게 된다면 어떤 조건으로 주인공을 뽑을 것인지 생각해 보세요. 그리고 그 이유도 써 보세요.(보기에서 골라 써도 되고 다른 조건을 생각해서 써도 됩니다.)

보기 외모, 노래, 춤, 성실성, 친구관계, 연기력, 가정환경, 국적, 발표력

주인공 후보의 조건	1. 2. 3. 4.
이유	

 **다양한 맛 즐기기** 넓고 깊게 생각해요

쉽게 풀어쓴 세계인권선언

제 1조 : 우리는 모두 형제자매다
  우리 모두는 태어날 때부터 자유롭고, 존엄성과 권리에 있어서 평등하다.

제 2조 : 차별은 안돼!
  피부색, 성별, 종교, 언어, 국적, 갖고 있는 의견이나 신념 등이 다를지라도 우리는 모두 평등하다.

제 3조 : 안심하고 살아 간다
  우리는 누구나 생명을 존중받으며, 자유롭게 그리고 안전하게 살아갈 권리가 있다.

제 4조 : 노예는 없다!
  어느 누구도 사람을 노예처럼 다루거나 물건처럼 사고 팔 수 없다.

제 5조 : 고문이나 모욕은 싫다!
  사람은 누구나 고문이나 가혹하거나 비인도적이거나 모욕적인 처우 또는 형벌을 받지 않는다.

제 6조 : 법의 보호를 받는다
  우리는 모두 어디서나 똑같이 법의 보호를 받으며 인간답게 살아간다.

제 7조 : 법은 누구에게나 똑같다
  법은 누구에게나 평등해야 하며 차별적이어서는 안된다.

제 8조 : 억울할 때는 법의 도움을 청하라
  우리는 누구나 기본적인 권리를 침해당했을 때 법의 도움을 구할 수 있다.

제 9조 : 제멋대로 잡아 가둘 수 없다
  사람은 정당한 법률에 의하지 않고는 제멋대로 잡히거나 갇히거나 그 나라에서 쫓겨나지 않는다.

제 10조 : 재판은 공정하게
우리는 어느 누구를 편들지 않는 독립되고 편견없는 법원에서 공정한 재판을 받을 권리를 갖는다.

제 11조 : 잡혀도 반드시 유죄라고 볼 수 없다
공정한 재판으로 유죄가 결정될 때까지는 어느 누구도 죄인이 아니다.

제 12조 : 나만의 세상을 가질 수 있다
나의 사생활, 가족, 집, 편지나 전화 등 통신에 대하여 아무도 함부로 간섭할 수 없다.

제 13조 : 떠나고 돌아올 수 있다
우리는 어디든 오고 갈 수 있으며, 살고 싶은 곳에서 살 수 있다.

제 14조 : 도망치는 것도 권리다
누가 보아도 나쁜 짓을 저지른 사람이 아니라면 괴롭힘을 당할 때 피난처를 찾아 다른 나라로 도망쳐 살 권리가 있다.

제 15조 : 어느 나라 사람이든 될 수 있다
우리는 누구나 한 나라의 국민이 될 권리를 가지며 국적을 바꿀 권리도 가진다.

제 16조 : 사랑하는 사람끼리
결혼에 인종, 국적, 종교를 이유로 한 제한이 있어서는 안되며 결혼할 사람 둘간의 자유로운 동의에 의해서만 결혼할 수 있다.

제 17조 : 재산을 갖는다
사람은 누구나 혼자 또는 다른 사람과 함께 재산을 가질 수 있다.

제 18조 : 생각하는 것은 자유다
우리는 누구나 사상, 양심, 종교의 자유를 누릴 권리를 갖는다.

제 19조 : 표현하는 것도 자유다
우리는 누구나 의견을 가질 수 있고 또 누구의 방해도 없이 표현할 수 있다.

제 20조 : 모일 수 있다
우리는 누구나 평화롭게 집회를 열고 단체를 만들 자유가 있다.

제 21조 : 선거할 수 있다
　우리는 모두 선거로 자기 나라 정치에 참여할 권리를 가진다.

제 22조 : 사회보장제도를 누릴 수 있다
　각 나라의 구조와 자원에 따라서 또한 국제협력을 통해서 사람답게 살 수 있는 사회보장제도에 대한 권리를 가진다.

제 23조 : 마음놓고 일하기 위하여
　사람은 직업을 자유롭게 골라서 일할 권리를 갖는다.

제 24조 : 쉬는 것도 중요하다
　노동 시간은 합리적으로 제한되어야 하며 정기적인 유급휴가를 포함한 휴식과 여가를 주릴 권리를 갖는다.

제25조 : 적합한 생활 수준을 누릴 권리
　가족과 함께 건강하고 행복하게 살아갈 권리로 실업, 질병, 장애, 배우자와의 사별, 노령 또는 자신이 어찌할 수 없는 상황에서는 나라가 제공하는 보장제도를 누릴 권리를 갖는다.

제 26조 : 배울 수 있다
　누구나 교육을 받을 수 있다.

제 27조 : 즐거운 생활
　누구나 자유롭게 문화생활에 참여하고 예술을 감상할 권리를 갖는다.

제 28조 : 이 선언이 바라는 세상
　우리 모두는 이 선언에 선포된 권리와 자유를 충분히 실현할 수 있는 사회적, 국제적 질서를 누릴 권리를 갖는다.

제 29조 : 우리의 의무
　우리에게는 모든 사람의 자유와 권리를 지키고 살기 좋은 세상을 만들기 위한 의무가 있다.

제 30조 : 권리를 짓밟는 권리는 없다
　이 선언에서 말한 어떤 권리와 자유도 다른 사람의 권리와 자유를 짓밟기 위해 사용될 수 없다.

－인권운동사랑방이 쉬운말로 고쳐 쓴 것을 부분 수정

1 쉽게 풀어쓴 세계 인권선언을 보고 우리 반에서 적용할 수 있는 인권 선언문을 만들어 보세요.

○○반 인권선언문

제 1조

제 2조

제 3조

제 4조

제 5조

제 6조

제 7조

제 8조

제 9조

 **함께 맛 나누기** 톡서 토론을 해요

1 외국인 관광객이 성완이에게 한국적인 아름다움을 잘 표현했다고 하자 반장은 한국아이가 아닌 가짜인데 어떻게 한국적으로 표현할 수 있느냐고 무안을 주었습니다. 진짜 한국 사람이 아니면 한국의 아름다움을 표현할 수 없는 걸까요? 여러분의 의견을 적어 보세요.

찬성 : 진짜 한국 사람만이 한국의 아름다움을 표현할 수 있다.

근거 1)

근거 2)

근거 3)

반대 : 진짜 한국 사람이 아니라도 한국의 아름다움을 표현할 수 있다.

근거 1)

근거 2)

근거 3)

인권 • 31

2 위의 글은 왕자역할에 어울리는 친구에 대한 윤서의 생각입니다. 윤서가 생각한 왕자역을 연기할 사람의 조건에 대해 어떻게 생각하나요? 여러분의 의견을 적어 보세요.

> 분홍색 옷을 입은 공주에게 어울리는 왕자는 정준이 같은 애다. 과묵하고 공부도 잘하고. 동규는 절대 아니다. 물론 동규가 코시안이라서 그러는 건 아니다. 그냥 역할에 안 어울리기 때문에……그런거다.

찬성 : 왕자역할에 어울리는 사람은 과묵하고 공부도 잘해야 한다.

근거 1)

근거 2)

근거 3)

반대 : 왕자역할에 어울리는 사람이 반드시 과묵하고 공부도 잘해야 하는 건 아니다.

근거 1)

근거 2)

근거 3)

3 교차질의식 독서토론을 해 보세요.

대상도서	까매서 안더워?	
주제	우리와 다른 사람을 차별 대우하는 것은 정당하다.	
	찬성	반대
주장	우리와 다른 사람을 차별하는 것은 당연한 것이다.	우리와 다르다고 해서 차별을 해서는 안된다.
주장의 이유		
주장의 근거 (논증)		
반론 (교차조사 포함) 및 예상 반론 꺾기		
정리		

* 부록1)을 참고해 주세요.

 **쓱싹 쓱싹 요리하기** 　재미있는 독서 글을 써요

'천국보다 낯선' 나라, 남한

　2001년 버마 상공을 떠난 비행기가 남한에 도착할 무렵 손정훈(가명) 씨는 "천국에 온 듯한 느낌"이었다. "도로가 막힐 정도로 많은 승용차들, 하늘을 찌를 듯 높이 솟은 대형건물들, 호화스럽게 장식된 상업 간판들, 사람들의 화려한 옷차림 등" 남한의 낯선 모든 것이 그에게 '천국'에 온 것 같은 감정을 갖게 했다.

　북한의 함경북도에서 태어난 정훈 씨는 열일곱 살이 되던 해에 "배도 고프고 마음 놓고 편안히 살고 싶기도 해서" 친구 세 명과 같이 '조중 국경'을 넘어 '탈북'을 했다. "굶주림 속에 자유에 대한 막연한 환상을 품고 대한민국이라는 새로운 땅에 혈혈단신으로 정착"했지만 처음부터 한국은 애초의 기대와는 다른 곳이었다.

　정훈 씨는 국정원에서 조사를 받은 후 하나원으로 옮겨 '남한 사회 적응 교육'을 받았다. 그리고 바로 일반 고등학교에 들어가게 되었다. 그러니까 국정원과 하나원에서 '남한 사회 적응 교육'을 받은 기간은 4~5개월 정도 되었던 셈이다.

　"남한의 고등학교에서 난 외계인이었어요"

　열아홉 살이라는 '좀 많은' 나이에 고등학교 1학년 학생이 되고 보니 학교생활이 쉽지는 않았다. 무엇보다도 남한의 문화가 북한의 문화와 너무 달랐기 때문에 생활에 적응하기 어려웠다.

　"남한에 와서, 공부는 둘째 치더라도, '스트레스, 커리큘럼' 등과 같은 외래어를 전혀 알아들을 수 없었어요. 그러니 학교 친구들과 만나도 대화가 통할 리 없었죠. 그럴 때는 정말 죽고 싶은 심정이었어요. 학교에서 가르치는 역사에서부터 수학공식에서 사용하는 용어 등 모든 것이 나에겐 생소했고, 수업시간에 설명하는 거의 대부분의 내용을 이해하지 못했어요. 수업시간 동안은 정말 지루했고, 쉬는 시간에는 친구들이 놀아주지 않아서 심심했죠. 나는 학급 친구들보다 세 살이나 많은 형이었고, 북한에서 온 이방인이었고, 대화도 제대로 통하지 않는 외계인이었던 거예요. 나와 놀아줄 사람도, 나의 마음을 알아줄 사람도, 나의 눈물을 닦아줄 사람도, 대한민국 그 어디에도 존재하지 않았죠."

　2002년 서해교전이 터졌을 때 결국 '큰 사건'이 일어나고야 말았다. 학교 가는 내내 서해교전 소식을 접하고선 참담한 마음으로 학교에 갔는데 한 수업 시간에 교사가 서해교전에 대한 이야기를 풀어놓으면서 사건은 시작되었다. 그 교사는 학생들 앞에서 "북한을 쓸어버려야 한다", "정부가 탈북자는 왜 받아들이는지 이해가 가지 않는다"는 등의 이야기를 꺼냈다.

　"당시 교사와 학급 친구들이 내가 '탈북자'라는 사실을 다 알고 있었거든요. 그 교사의 말을 들으면서 총구 앞에 선 사형수처럼 손과 발이 덜덜 떨렸고 머릿속은 윙윙 울리는 것 같았어요."

　정훈 씨는 이러한 일들뿐만 아니라 고등학교 시절 좋은 추억도 많았다고 한다. 여러 교사들은 정훈 씨에게 특별한 관심을 보이며 잘 해주기도 했고, 고등학교 3년을 다니는 동안 "지식을 배웠다기보다는 남한 사회에 적응하는 법을 배우기도" 했다.

〈출처 : 박석진(2016), [삶_세상 2] 남한에 정착한 북 출신 이주민 손정훈 씨, 인권오름〉

1 북한을 탈출하여 우리나라에 정착해 살고 있는 사람을 '새터민'이라고 합니다. 위의 글을 읽어보고 '새터민'의 인권 실태에 대해 생각해 보세요. 그리고 북한 이주민 인권보장에 대한 자신의 의견을 써 보세요.

새터민의 인권

서울인권영화제
SEOUL HUMAN RIGHTS FILM FESTIVAL

　서울 인권 영화제는 무료로 상영하는 대한민국의 비영리 영화제로서 인권운동사랑방이 주최한다. 통칭 '제 *회 인권영화제'라고 표기한다. 사람답게 살기 위한 권리의 일환인 표현의 자유를 가질 것을 주창하며 사전심의, 검열행위를 거부하고 인권 관련 영상들을 상영한 한국 최초의 행사이기도 했다. 1996년 1회를 시작으로 2009년 13회를 맞았다.(5.5회를 포함하여 횟수로는 14회) 정부 당국의 상영장 대여 불가 조치, 영화제 총 감독 대표자 연행, 극장 측의 대관 거부 등의 난항을 겪으면서도 국내 및 해외 상영작들을 섭외, 상영하여 왔다. "표현의 자유, 영상을 통한 인권의식과 인권교육의 확산"이라는 가치를 가지고 시민단체와 개인들의 후원금으로 운영되고 있다. 이화여자대학교, 홍익대학교, 동국대학교의 학생회와 함께 주최하였던 5회까지는 각 대학에서 상영하였으며 이후, 일주아트하우스, 아트큐브, 서울 아트시네마 등의 장소에서 상영하였다. 현행 '영화 및 비디오물에 관한 법률'에 의해 정해진 영화진흥위원회의 추천을 받지 않았다는 이유로 극장측이 대관을 거절하여 제 12회 인권영화제는 서울 대학로 마로니에 공원(야외)에서 영화 상영 및 영화제를 열었다. 2009년 13회 역시 이런 이유로 서울 청계광장에서 설치 무대와 LED스크린을 사용하여 영화제가 진행되었다.

목표 : 소외되고 있는 인간 권리에 대한 인식을 확산시키는 것을 목표로 이를 위한 수작(秀作)들을 선정하는데 힘썼다. '전쟁과 인권(02년 6회)', '이주노동자의 인권(03년 7회)', '감옥의 인권(04년 8회)', '어린이, 청소년의 인권(05년 9회)'등 주제를 정하여 관련된 영화들을 상영하기도 했다.

〈출처 : 위키백과〉

1 내가 다문화 인권영화를 만든다면 어떤 내용의 영화를 만들고 싶은가요? 영화 시놉시스를 작성해 보세요.

> 시놉시스(synopsis)는 보통 영화의 줄거리를 말한다. 거기에는 주제, 기획 의도, 등장인물, 줄거리가 포함된다.

제목	
기획의도	
등장인물	
줄거리	

2. '인권'을 위한 두 번째 책을 만나요

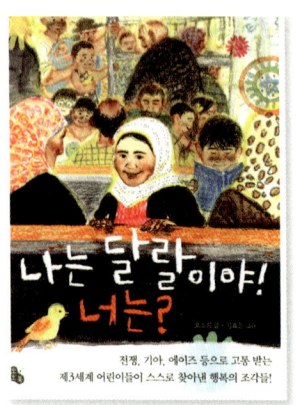

관련 핵심역량

자기관리역량, 심미적 감성 역량,
의사소통 역량, 공동체 역량

오소희 글 / 김효은 그림 / 토토북

 **어떻게 읽을까요?**

1. 제3세계 어린이들의 생활을 이해하는 시각으로 읽어요.
2. 전쟁, 기아, 에이즈 등으로 고통받는 제3세계 어린이들을 인권을 보호할 방법을 생각하며 읽어요.

 **어떤 내용일까요?**

"저는… 거지이지만… 그래서 제가 무얼 먹는지, 어디서 자는지… 사람들이 다 볼 수 있지만… 이건 저 혼자서만 보고 싶어요. 얻어먹고, 얻어 입고, 얻어 자지만, 얻어 읽고 싶지 않아요."

-라오스, 아농과 통 중에서-

어떤 아이들은 학교도 가고 학원도 가느라 힘들다고 말하고 어떤 아이들은 하루 종일 일을 하고 학교에 가 보는 것이 소원이라고 말한다. 또 어떤 아이들은 맛없고 배부르다고 남긴 음식을 버리고, 어떤 아이들은 배가 고파도 먹을 것이 없어 굶어 야하는 친구들이 있다. 우리는 모두 소중한 사람들인데 모두 인권을 보장받으며 행복하게 살 수 있는 방법은 없는지 생각해 본다.

 마음을 열어요

(United Nations Children's Fund) 유엔아동기금

국적이나 이념, 종교 등의 차별 없이 어린이를 구호하기 위해 설립된 국제연합의 상설보조기관 가운데 하나이다.

1946년 제2차 세계대전으로 인해 기아와 질병에 지친 아동을 구제하기 위한 긴급원조계획으로 '유엔 국제아동 긴급구호기금'이라는 명칭으로 발족하였다. 53년 국제연합 상설기관이 되어 현재의 명칭으로 변경되었고 본부는 뉴욕에 있다.

유니세프의 설립정신은 국적이나 이념, 종교 등의 차별 없이 어린이를 구호한다는 '차별 없는 구호'이며, 이에 따라 2차대전의 승전국과 패전국, 동유럽과 중국, 한국의 어린이들도 유니세프의 도움을 받았다.

유니세프는 점차 그 영역을 넓혀 모든 개발도상국 어린이들을 위하여 긴급구호, 영양, 예방접종, 식수 및 환경개선, 기초교육 등의 사업을 펼쳐왔으며 이에 대한 공로로 1965년 노벨평화상을 수상하였다.

한국은 50년 3월에 정식으로 가입이후 1993년까지 각종 지원을 받았다. 1988년 집행이사국이 되었으며, 1994년 1월 한국 유니세프 대표사무소가 유니세프 한국위원회로 바뀌어 지원을 하는 국가가 되었다.

현재 유니세프는 유엔이 채택한 지속가능개발목표(SDGs)를 달성하기 위해 보건, 에이즈, 식수와 위생, 영양, 교육, 어린이 보호, 사회통합 7가지 중점 사업 분야를 정하고 190개 이상의 국가 및 영토에서 활동하고 있으며, 155개 개발도상국에서 어린이들의 생명을 구하고, 어린이의 삶을 개선하기 위한 다양한 사업을 펼치고 있습니다.

〈출처 : 시사상식사전, pmg 지식엔진연구소, 박문각 유니세프 누리집: http://www.unicef.or.kr〉

1️⃣ 유니세프처럼 재해나 재난 따위로 어려움에 처한 사람을 돕기 위하여 조직한 사회단체를 구호단체라고 합니다. 여러분들이 알고 있는 국제구호단체에는 어떤 것들이 있나요? 생각나는 대로 적어 보세요.

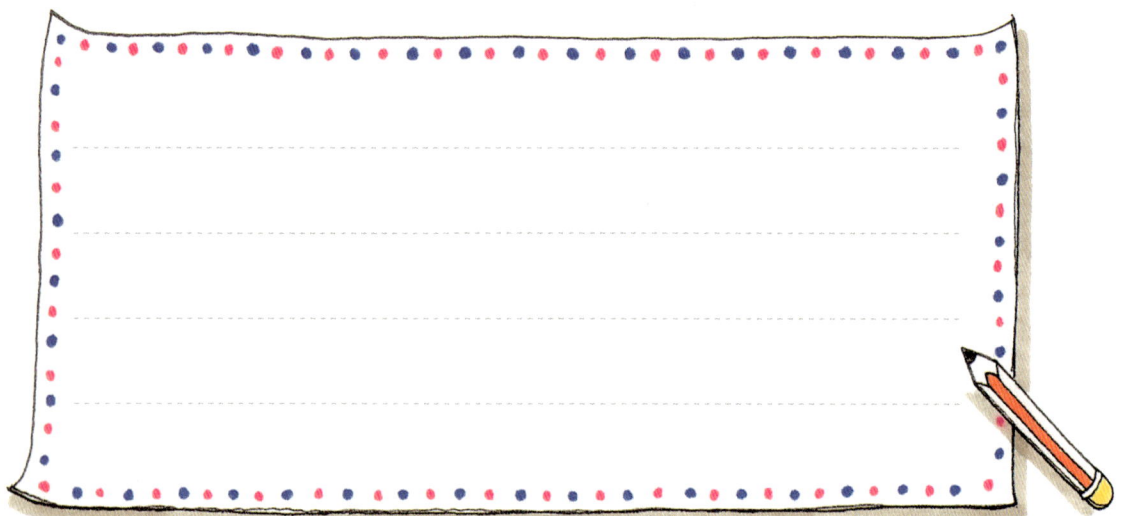

2️⃣ 어려움에 처한 제3세계 어린이들을 위한 구호활동에 참여한 경험이 있나요? 언제 어떤 행사에 참여 했었는지 소개해 주세요. 그리고 행사에 참여했을 때 어떤 기분이나 생각이 들었는지도 써 주세요. (직접 참여한 경험이 없다면 알고 있는 행사를 소개해도 됩니다.)

 **차근차근 맛보기**　　내용을 이해해요

1 누르와 달랄 그리고 여러분의 생활을 비교해 보세요. 어떤 공통점이나 차이점이 있나요?

어린이	생활모습	해보기를 원하는 것
누르		
달랄		
나		

★ 이런 공통점이 있어요.

★ 이런 차이점이 있어요.

2 고작 열 살의 어린 나이 소녀인 바바라는 하루 종일 어떤 일들을 했나요? 바바라의 일과를 정리해 보세요.

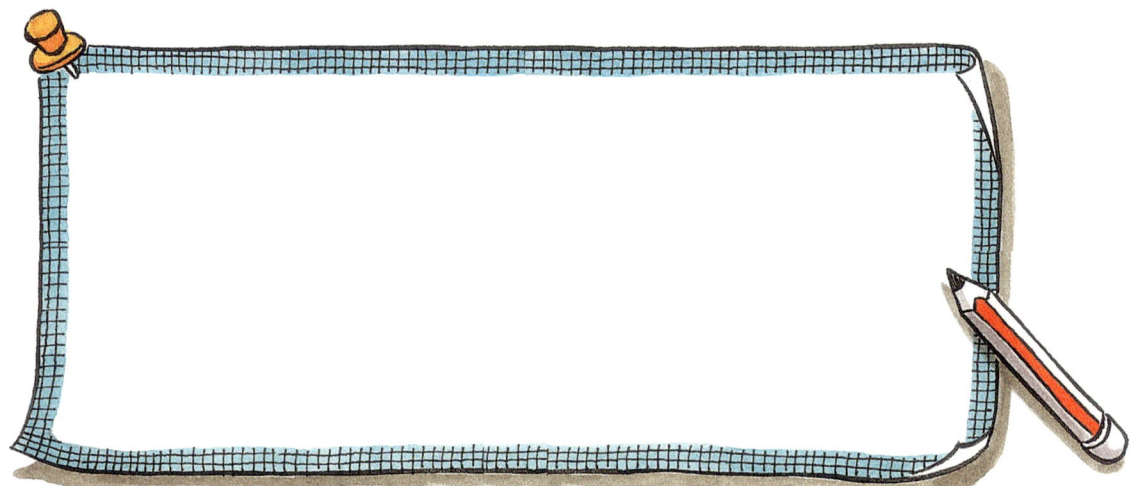

3 유엔아동권리협약 제27조에는 '기본적인 생활 수준'이 있습니다. 바바라와 같은 어린이들이 기본적인 생활 수준 권리를 보장받을 수 있기 위해 우리는 어떤 도움을 줄 수 있을까요?

유엔아동권리협약	우리가 도움을 줄 수 있는 방법
27조 | 기본적인 생활 수준 아동은 제대로 입고, 먹고, 교육받고, 안전한 곳에서 살면서 건강한 발달에 필요한 생활 수준을 누릴 권리가 있습니다.	

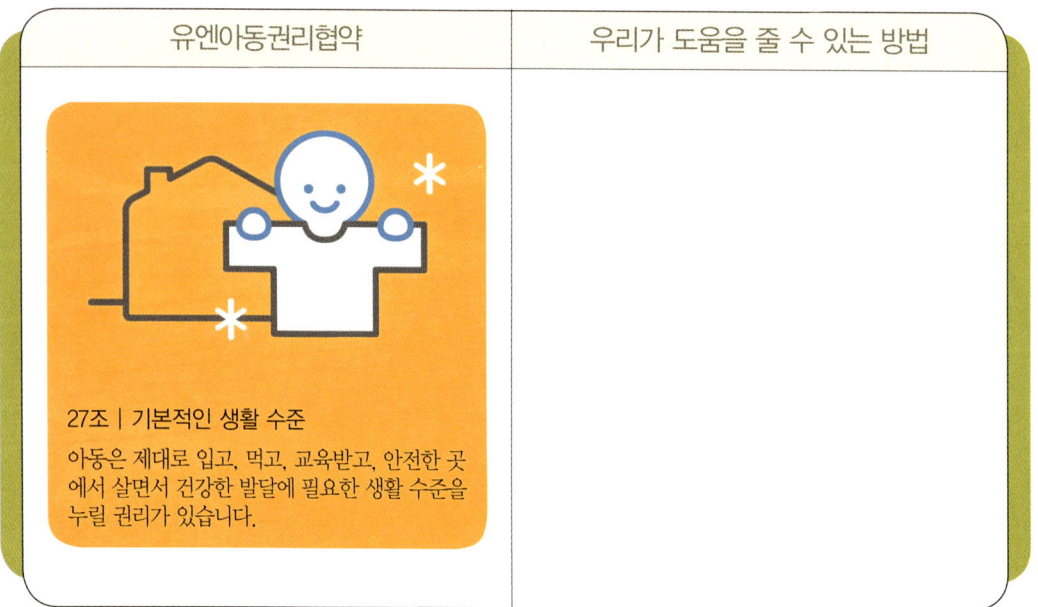

 다양한 맛 즐기기 넓고 깊게 생각해요

1 '야누슈 코르착'으로 인해 만들어진 〈아동 인권 대헌장〉의 핵심적 내용입니다. 여러분이 고치고 싶은 내용을 3~4가지 정도 표시해 보세요.

야누슈 코르착의 아동 인권 대헌장	바꾸고 싶은것
• 어린이는 사랑받을 권리가 있다.	
• 어린이는 존중받을 권리가 있다.	
• 어린이는 이상적인 환경에서 성장할 권리가 있다.	
• 어린이는 지금 있는 그대로 존중받을 권리가 있다.	
• 어린이는 현재의 자기 모습대로 살 권리가 있다.	
• 어린이는 실수할 권리가 있다.	
• 어린이는 실패할 권리가 있다.	
• 어린이는 진지하게 받아들여질 권리가 있다.	
• 어린이는 그 모습 그대로 소중하게 생각될 권리가 있다.	
• 어린이는 비밀을 가질 권리가 있다.	
• 어린이는 한 번 정도 거짓말하고, 속이고, 물건을 훔칠 권리가 있다.	
• 어린이는 교육을 받을 권리가 있다.	
• 어린이는 불의에 대항할 권리가 있다.	
• 어린이는 스스로 판결을 내리고 친구들에 의해 판결을 받는 어린이 법정을 이용할 권리가 있다.	
• 어린이는 아동 재판 제도에서 변호를 받을 권리가 있다.	
• 어린이는 슬픔을 존중 받을 권리가 있다.	
• 어린이는 신과 의사소통할 권리가 있다.	
• 어린이는 어린 나이에 죽을 권리가 있다.	

2 위에서 여러분이 선택한 내용을 새롭게 작성해 주세요. 그리고 바꾼 이유도 설명해 주세요.

2-1

야누스 코르작의 아동 인권 대헌장	내가 재구성한 아동 인권 대헌장

바꾼 이유 :

2-2

야누스 코르작의 아동 인권 대헌장	내가 재구성한 아동 인권 대헌장

바꾼 이유 :

2-3

야누스 코르작의 아동 인권 대헌장	내가 재구성한 아동 인권 대헌장

바꾼 이유 :

'시리아의 안네' 전쟁터 탈출

에르도안 터키 대통령(오른쪽)을 만난 알라베드 양. 앙카라=AP뉴시스

전쟁이 벌어지고 있는 시리아의 상황을 일기를 쓰듯 소셜네트워크서비스(SNS)인 트위터에 올려 '시리아의 안네 프랑크'라고 불렸던 7세 소녀 바나 알라베드 양이 시리아를 탈출해 터키에 도착했다. 현재 시리아에서는 정부군과 반군이 내전을 벌이고 있다.

안네 프랑크는 제2차 세계대전이 벌어지던 1942~1944년 독일 나치가 유대인을 박해하는 상황을 담은 자신의 경험담을 숨어서 일기로 남긴 유대인 소녀.

미국 AP통신은 "시리아 출신 소녀 바나 알라베드 양이 터키에서 레제프 타이이프 에르도안 터키 대통령을 만났다"고 22일 보도했다. 최근 대규모 공격이 일어났던 알레포 지역에 있던 알라베드 양은 가족과 함께 터키의 한 비정부기구(NGO)의 도움을 받아 시리아를 탈출했다.

〈출처 : 어린이동아〉

1 이 기사를 읽고 인권에 대하여 어떤 생각을 갖게 되었나요?

2 인권을 소중하게 생각하자는 의미를 갖는 포스터를 만들어 보세요.

| 포스터의 의미 | |

 **함께 맛 나누기**　　독서 토론을 해요

1 아래의 글은 통과 아농이 학교를 가는 아이들을 보는 장면입니다. 통과 아농처럼 학교를 다닐 수 없는 아이들은 계속 그렇게 살아야 하는 걸까요? 자신의 생각을 이야기해 보세요.

> 교복을 차려입은 아이들이 떼 지어 학교로 향할 때에도, 통과 아농은 그저 그들을 바라볼 뿐이었다. 학교에서 아이들은 글을 배운다고 했다. 책을 읽고 그림도 그린다고 했다. 그걸 생각하면 아농은 초조해졌다. 팍세의 이 공원에서 자신은 어느덧 열두 살이 되었다. 여덟 살짜리 꼬마들도 때로 교과서를 들고 소리 내 읽으며 공원을 가로질러 가곤 했다. 어쩌면 어른이 되어도 글을 못 읽을지 모른다고 아농은 생각했다.

찬성 : 모든 아이들은 학교에 갈 수 있도록 도와야 한다.

근거 1)

근거 2)

근거 3)

반대 : 그 나라가 해결할 문제이지 우리가 도울 필요는 없다.

근거 1)

근거 2)

근거 3)

2. '원조'는 물품이나 돈 따위로 도와주는 것을 말합니다. 해외 원조와 국내원조의 우선순위에 대한 논란이 과거부터 있어 왔습니다. 일부에서는 해외 원조보다는 국내 원조가 우선시 되어야 한다고 주장합니다. 여러분은 해외원조와 국내원조의 우선순위에 대해 어떻게 생각하나요?

찬성 : 해외 원조보다는 국내 원조가 우선시 되어야 한다.

근거 1)

근거 2)

근거 3)

반대 : 원조에 우선순위를 둘 수 없다.

근거 1)

근거 2)

근거 3)

3 교차질의식 독서토론을 해 보세요.

대상도서	나는 달걀이야! 너는?	
주제	인권은 국가에 따라 달리 적용될 수도 있다. (평서형)	
주장	찬성	반대
	나라마다 처한 상황에 따라 인권의 적용은 달라질 수 밖에 없다.	어떤 상황이라도 인권은 동일하게 적용되어야 한다.
주장의 이유		
주장의 근거 (논증)		
반론 (교차조사 포함) 및 예상 반론 꺾기		
정리		

* 부록1)을 참고해 주세요.

 **쓱싹 쓱싹 요리하기**　　재미있는 독서 글을 써요

유엔아동권리협약
(CRC, Convention on the Rights of the Child)

- 유엔아동권리협약은 무엇일까?

　모든 사람은 존엄성과 가치를 가지고 태어난다. 또한 성별, 국적, 피부색, 언어, 신분, 종교 등에 상관없이 인간으로서의 존엄성을 유지하기 위해 마땅히 누려야 할 권리를 가지고 있다.

　어린이는 양육과 훈육의 대상이 아니라 모든 사람에게 부여된 기본적인 권리를 가진 주체적 존재이다. 아동권리는 어린이가 인간으로서 가지는 기본적인 권리와 자유에 더하여 생애 시기적 특수성에 입각해 특별한 보호와 배려를 받을 권리를 말한다.

- 유엔아동권리협약의 아동권리 4가지 일반원칙

　유엔아동권리협약의 가장 중심 내용이라고 할 수 있는 아동권리 4가지 일반원칙은 다음과 같다.
1. 무차별원칙(제2조) : 모든 아동들은 차별 없이 그들의 권리를 향유할 수 있어야 한다.
2. 아동의 최선의 이익 원칙(제3조) : 국가나 사회가 아동에 관한 모든 조치와 활동에 있어서 아동의 '최선의 이익'을 우선적으로 고려하여야 한다.
3. 생존 및 발달 보장 원칙(제6조) : 모든 아동은 생명에 관한 고유의 권리를 가지며, 당사국은 가능한 한 최대한도로 아동의 생존과 발달을 보장하여야 한다.
4. 아동의 의견의 존중(제12조) : 아동은 자신과 관련된 일을 결정하는데 참여하여 의사를 자유롭게 표현할 수 있는 권리를 가진다.

- 유엔아동권리협약의 아동의 유해노동으로부터 보호받을 권리

　아동권리협약 제32조 : 아동이 경제적 착취 및 아동의 교육, 건강 및 사회적 발전에 유해한 노동으로부터 보호받을 권리를 가진다.

1 아래의 표는 아동노동 어린이상황을 보여줍니다. 유엔아동권리협약에 비추어 볼 때 어린이 권리에 어떤 문제점이 있는지 말해 보세요.

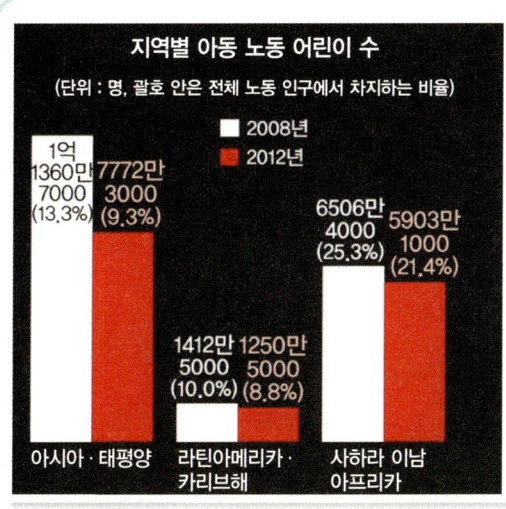
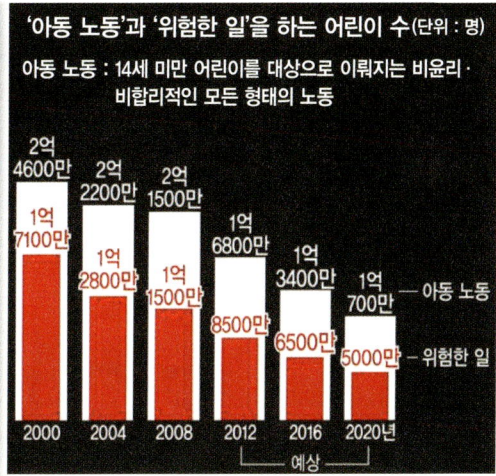

인권 (HUMAN RIGHTS)

모든 인간은 자유롭고 평등하게 태어났다.

〈출처 : http://timetree.zum.com/5435/6903〉

2 여러분이 생각하는 다문화시대의 인권은 어떤 모습인가요? 다문화 시대의 인권이 잘 나타나도록 여러분도 1컷 만화를 그려보세요.

후식을 즐겨요

1 '인권' 이야기를 더 알아보아요.

美 하버드대 흑인 학생들 분노 확산 "너 읽을 줄은 아냐고?"

　최고의 명문대학으로 꼽히는 미국 하버드대의 흑인학생들이 인종차별을 당한 경험을 적은 '인증샷'들을 소셜네트워크서비스(SNS) 등에 잇따라 올리는 등 학내 인종차별에 대한 집단 항의 캠페인이 온라인으로 확산되고 있다.

　5일 현재 SNS '텀블러'와 '페이스북'에는 "나도 하버드생이다"(I, too, am Harvard)란 제목의 페이지가 개설됐다. 해당 페이지에는 하버드대에 재학 중인 흑인 학생들이 자신이 당했던 인종 차별 사례를 푯말에 적은 뒤 이 푯말을 들고 '인증샷'을 올리고 있다.

　버즈피드에 따르면 이 캠페인은 하버드대 2학년 학생인 키미코 마츠다-로렌스에 의해 처음 시작됐다. 마츠다-로렌스는 버즈피드와의 인터뷰에서 "우리는 이 캠페인이 흑인 학생을 넘어 유색 인종 학생 모두를 대상으로 하는 광범위한 운동으로 확산되길 바란다"고 말했다.

　이 캠페인에 참여한 학생 캐롤 파웰은 "술 취한 한 백인 학생이 내게 다가와 '너 읽을 줄은 아냐?'며 소리지른 적이 있다"며 "흑인들은 하버드대에 진학하기에는 모자란 지능을 가지고 있다는 편견을 보여준 수많은 사례 중 하나일 뿐"이라고 말했다.

http://m.mt.co.kr/new/view.html?no=20140305110004070257
〈출처 : 머니투데이뉴스〉

발로텔리, 인종차별 SNS로 징계

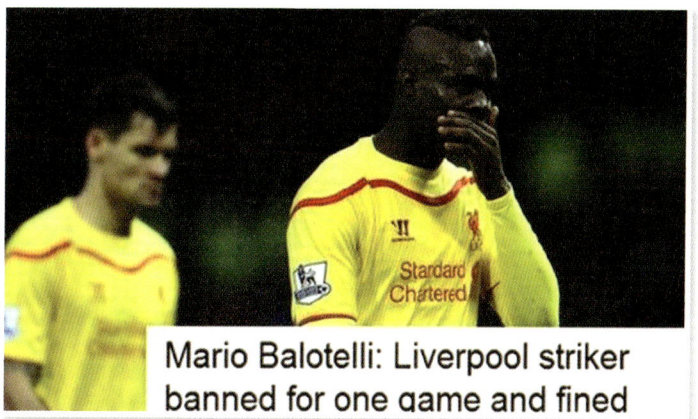

축구선수 마리오 발로텔리(24, 리버풀), 자신의 인스타그램에 게임 캐릭터인 '슈퍼 마리오' 사진과 함께 "흑인 같이 점프하고 유대인처럼 동전을 모은다"는 글귀를 올림

이에 대해 인종차별적 발언이라는 지적이 거세게 이어짐

발로텔리는 자신의 어머니가 유대인이라며 인종차별적 의도가 없었다고 해명

잉글랜드 축구협회(FA)는 한경기 출장 정지와 2만5000파운드(한화 약 4300만원)의 벌금 부과

징계 확정 후 발로텔리는 "팀 동료들과 리버풀 팬들에게 정말로 죄송하다. 처벌 받을 짓을 한 것에 대해 지금 정말 후회하고 있다"며 "FA의 징계 결정에 대해 동의하고, 이런 일은 앞으로 절대 없을 것이다"고 사과문 올림

〈출처 : http://timetree.zum.com/19439〉

1-1 두 개의 기사를 읽고 느낀 점을 적어 보세요.

2 다양한 매체를 더 만나 보아요.

EBS 다문화 휴먼 다큐 가족
스물 여섯 철부지 엄마, 민지씨

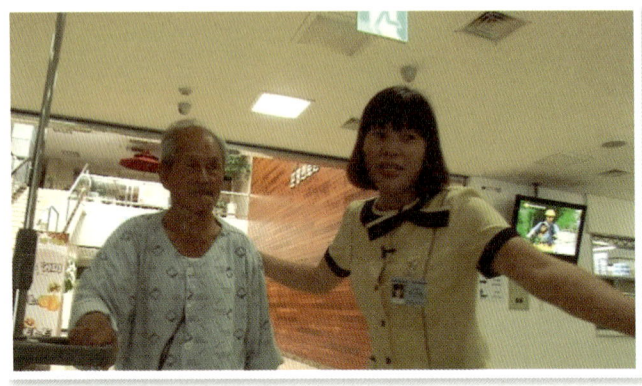

베트남 엄마 민지 씨는 간호조무사

"원래 베트남에서 간호사가 되고 싶었어요.
하지만 생활 형편이 어려웠고
형제들도 많아서 공부를 더 하고 싶어도 못했는데
결혼 후에 한국에 살면서 간호조무사가 되겠다는 결심을 했어요.
제가 마음이 착한가 봐요. 아픈 사람들 보면 눈물을 흘려요"

-김민지 (호 녹멘) -

　민지 씨는 올해 3월 간호조무사 자격증을 취득해 병원에서 일한지 두 달 된 아직 새내기 간호조무사다. 한국에 시집온 지 7년이나 되었지만 한국말이 서투른 민지 씨. 시집오자마자 임신을 한 탓에 한국 생활 초반에 한국어를 배우러 다니지 못했기 때문이다.
　언어 소통에 불편이 있어 힘들지만, 누가 시키지 않아도 일을 찾아 척척 해내며 몸이 불편한 어르신을 보면 진찰부터 수납까지 일일이 챙겨드리며 돕는 민지 씨의 모습에 이미 병원 내에선 민지 씨에 대한 칭찬이 자자하다.
　그리고 민지 씨는 퇴근 후에 빼먹지 않고 한국어 수업을 받으러 가는데, 하루라도 빨리 한국어를 익혀서, 병원 일을 더 잘해내는 게 민지 씨의 목표이자 꿈이기 때문이다.
　어려운 상황 속에서도 남의 어려움을 더 살피고, 돕기 위해 꿈을 키워나가는 간호조무사 민지 씨의 노력은 끝이 없다.

2-1 베트남 엄마 민지씨 처럼 우리나라에서 자신의 꿈을 이루고 행복하게 살아가는 다른 나라 사람의 이야기를 알고 있나요? 여러분이 알고 있는 이야기가 있다면 소개해 보세요.

3 이런 책들도 함께 읽으면 좋아요.

우리 주변에서 소외되는 외국인 노동자들의 인권에 대해 생각할 수 있는 기회를 갖게 하는 책이다. 외국인에 대한 무시와 차별, 외국인을 대하는 이중적 태도, 불법체류의 문제, 다문화 가정의 이야기를 통해 다른 문화 사람들과 함께 사는 마음과 태도를 배울 수 있다.

블루시아의 가위바위보 / 김중미, 박관희, 박상률, 안미란, 이상락 글
윤정주 그림 / 창비

작은 마을에 엄지손가락 만한 아이가 태어났다. 아이는 작은 모습 때문에 놀림을 당하기도 했다. 시간이 흘러 여전히 엄지손가락만하지만 어엿한 청년으로 자란 엄지 동자는 국그릇과 젓가락, 바늘과 지푸라기를 들고 먼 길을 떠난다. 예쁜 아가씨를 만나고 빨간 도깨비도 물리치면서 엄지 동자는 아주 특별한 선물을 받는다. 엄지동자 이야기를 통해 차이를 인정하고 존중하는 마음을 생각해 볼 수 있다.

엄지 동자 / 나리타 마미 글 / 정혜륜 그림 / 정인출판사

한 마을에 못된 과부와 두 딸이 살았다. 큰 딸 마리는 과부를 닮아 못됐고, 작은 딸 피군은 예쁘고 마음도 착했다. 피군은 과부와 마리에게 매일 괴롭힘을 당했다. 어느 날 물을 긷던 피군이 할머니에게 물을 나눠주자, 할머니는 그녀에게 마법을 걸어 주었다. 말을 할 때마다 금꽃이 입에서 떨어지는 신기한 마업이었다. 욕심이 난 과부는 마리에게도 같은 일을 시켰다. 금피군 꽃 이야기를 통해 사람의 인권을 지켜주는 태도에 대해 생각해 보는 기회를 가져 볼 수 있다.

금피군꽃 / 박가비니 글 / 강부효 그림 / 정인출판사

캐나다 유니세프 어린이 대표 빌라알이 자신의 다양한 구호 활동 경험을 토대로 나눔의 의미와 힘, 그리고 나눔을 실천하기 위한 구체적인 방법을 제시한다. 이 책에서 저자가 도우려는 대상은 가난과 질병, 여러 가지 천재지변 등으로 고통 받는 지구촌 곳곳의 사람들, 특히 어린이들이다.

어린이 NGO 빌라알 이야기 / 빌라알 라잔(고은광순) / 명진출판

1. 다문화 속 '평화'에 대해 알아보아요.

세상에서 가장 영예로운 상 '노벨 평화상'

- 노벨의 유언에 따라 인류의 복지에 공헌한 사람이나 단체에게 수여되는 상
- 매년 12월 10일 스웨덴 스톡홀름(평화상 수상 : 노르웨이 오슬로)
- 분야 : 생리의학상, 물리학상, 화학상, 문학상, 평화상, 경제학상 (1969년에 추가)

노벨 평화상은 알프레드 노벨의 유언에 따라 만들어진 다섯 개의 상 중 하나입니다. 노벨은 세계 평화를 위해 애쓴 사람이나 단체에게 매년 평화상을 주라는 유언을 남겼습니다. 평화상을 제외한 다섯 개 분야는 모두 스웨덴이 정하고 평화상만은 노르웨이에서 정해서 시상합니다.

해마다 수많은 사람이 노벨 평화상 후보로 추천됩니다. 수많은 후보자 중 노벨 평화상 수상자는 아래와 같은 자격을 갖춘 사람이어야 합니다.

- 서로 다른 민족과 국가 사이에 인류애를 키우기 위해 노력한 사람
- 무기와 군대를 줄이고자 노력한 사람
- 전쟁과 평화를 주제로 회의를 열고 전 세계의 평화를 위해 노력한 사람

평화상은 인류의 화해와 크고 작은 전쟁을 해결하려고 애쓴 개인뿐만 아니라 사회 단체들도 많이 받았습니다. 인류의 평화를 위해 할 수 있는 일이 노벨 평화상 수상자가 되는 길만 있는 것은 아닙니다. 우리 주변에 불평등과 갈등은 어디에도 존재합니다. 친구를 배려하고 서로의 차이를 이해하기 위해 노력하는 것도 일상생활에서 평화를 실천할 수 있는 일입니다.

노벨 평화상을 받은 국제 단체

- 제 평화국(1910년) : 각 나라에서 평화 운동을 하는 사람들을 도와주는 일을 합니다.
- 국제 연합 아동 기금(1965년) : 잘 사는 나라든 어려운 나라든 세계 모든 나라의 어린이들을 도와주는 국제 단체로 유니세프라고 부릅니다.
- 국제 노동 기구(1969년) : 노동자들이 일한 만큼 정당한 대가를 받을 수 있도록 도와줍니다.
- 국제 적십자 위원회(1994년) : 전쟁뿐만 아니라 산불, 지진 등 자연 재해가 일어난 나라에서 사람들을 돕는 여러 가지 활동도 하고 있습니다.
- 국제 연합 난민 고등 판무관 사무소(1995년) : 난민들이 새로 정착한 나라에서 어려움 없이 잘 살 수 있도록 도와주는 역할을 합니다.
- 국제 지뢰 금지 운동(1997년) : 땅 속에 묻혀 있는 지뢰를 없애고 다시는 지뢰를 사용하는 일이 없도록 하려고 애쓰고 있습니다.
- 국경없는 의사회(1999년) : 이 단체의 의사들은 주로 전쟁이 일어난 곳, 자연 재해 때문에 많은 사람들이 다친 곳, 전염병이 일어난 곳 등 환자가 있는 곳으로 직접 찾아갑니다.
- 유엔(2001) : 이 단체의 설립 목적은 국제법, 국제적 안보 공조, 경제 개발 협력 증진, 인권 개선으로 세계 평화를 유지하는 데 있습니다.
- 국제원자력기구(IAEA)(2005) : 원자력을 군사적인 목적으로 이용하는 것을 막고 평화적인 목적의 이용을 장려하기 위해 1957년 7월 29일에 설립된 국제 연합 산하 독립 기구입니다.
- 그라민은행(2006) : 가난한 이들을 위한 소액 대출 은행입니다.
- 기후변화에 관한 정부간 패널(IPCC)(2007) : 인간 활동에 대한 기후 변화의 위험을 평가하는 것이 임무입니다.
- 유럽연합(EU)(2012) : 유럽 내 단일시장을 구축하고 단일통화를 실현하여 유럽의 경제·사회 발전을 촉진 및 공동외교안보정책을 수립, 회원국 국민의 권리와 이익보호를 강화하는 한편 '자유·안전·정의'를 공동의 영역으로 확대 발전시키고자 합니다.
- 화학무기금지기구(OPCW)(2013) : 화학무기금지조약의 이행 여부를 확인·감시하고 화학무기 폐기시설을 시찰하는 일을 합니다.
- 튀니지 국민대화 4자지구(2015) : 튀니지의 노동계와 산업계, 시민단체, 법조계 등 4개 부문의 대표 조직이 결성한 시민사회단체 연합기구입니다.

2. 다문화사회에서 '평화'는 왜 중요할까요?

평화는 우리 인류가 끊임없이 추구해 온 보편적 가치이며 지속적으로 관심을 갖고 이를 실현하고자 노력해 온 가치입니다. 그러나 평화라는 개념은 시대에 따라, 문화에 따라 심지어는 각 개인이 처한 상황에 따라 다르게 이해되는 경향이 있어 평화의 개념을 한마디로 정의 내리기는 쉽지 않습니다.

평화의 개념이 다양한 시기에 다양한 집단에 의해 다양하게 이해 되어왔으므로 평화에 대한 개념을 여러 각도에서 이해하는 것은 매우 중요할 것입니다. 왜냐하면 평화의 개념을 어떻게 정의하느냐에 따라 평화롭지 않은 상황에 대한 생각이 달라지기 때문입니다. 평화를 사전적 의미로 볼 때 평온하고 화목함, 화합하고 안온함, 전쟁과 분쟁 및 일체의 갈등이 없는 상태를 뜻합니다. 즉 평화란 다툼 없이 평온하게 사는 상태를 말한다고 볼 수 있습니다.

많은 사람들이 평화를 전쟁없는 상태로 생각하지만 평화는 전쟁의 없음보다 훨씬 더 많은 것을 의미하는 적극적 개념입니다. 인간 생존을 위한 필요조건으로서 평화는 인간이 무력을 사용하지 않고 갈등을 해결하는 것을 의미하며 인간이 오랜 기간 이루고자 노력해 온 이상을 말하는 것입니다.

최근 널리 사용되고 있는 평화의 개념 중 하나는 요한 갈퉁(J.Galtung)에 의해 분류된 **'소극적 평화(negative peace)'와 '적극적 평화(Positive peace)'**라는 것입니다. **소극적 평화**란 인간이나 생명체를 죽이거나 상처를 입히는 것 같은 직접적인 폭력이 없는 상태를 말합니다. **적극적 평화**는 직접적 폭력뿐만 아니라 개인이나 집단에게 자신의 창의력과 잠재력을 실현할 기회를 박탈하는 상황까지도 포함합니다.

사회를 평화롭게 만들자면 직접적인 폭력을 없애야 할 뿐 아니라 간접적인 폭력을 없애는 데에도 힘써야 합니다. 평화는 전쟁이나 살상과 같은 직접적 폭력에 의해서도 깨질 뿐 아니라 적개심이나 공격성, 증오심 같은 잠재적인 폭력, 간접적인 폭력에 의해서도 크게 침해를 받기 때문입니다.

지구촌화 시대에 접어든 오늘날, 한국 사회 또한 다문화 가정이 급격히 증가하고 있습니다. 이로 인한 갈등 관계에서 발생되는 적대의식과 공격성, 증오심을 순화시키며, 다른 존재를 존중하고 협동하는 한편 모든 종류의 폭력을 감소시키는 평화능력을 기르는 것은 매우 중요합니다.

맛있게 읽어요

1. '평화'를 위한 첫 번째 책을 만나요

관련 핵심역량

자기관리역량, 심미적 감성 역량, 의사소통 역량, 공동체 역량

강무홍 글 / 박준우 그림 / 양철북

어떻게 읽을까요?

1. 비폭력에 대하여 관심을 가지며 읽어요.
2. 다문화 사람들 사이에서 어떤 일이 벌어지는지 생각하며 읽어요.
3. 내가 평화를 지켜나가기 위해서 어떤 노력을 할 수 있는지 생각하며 읽어요.

어떤 내용일까요?

> 나에게는 꿈이 있습니다.
> 노예의 후손들과 노예 주인의 후손들이 형제처럼
> 손을 맞잡고 나란히 앉게 되는 꿈입니다.
> 나에게는 꿈이 있습니다.
> 우리 아이들이 피부색으로 평가되지 않고
> 인격으로 평가하는 나라에서 살게 되는 꿈입니다.

　피부색 때문에 차별을 받아야 했던 시절 흑인들에게 '비폭력'으로 '저항'하자고 설득하여 폭력 앞에서도 희망을 잃지 않고 수많은 사람들이 '인간 평등'을 외치며 한자리에 모여 들게 했던 참된 자유와 평등을 얻어내기 위해 끝없이 저항하고 헌신한 마틴 루터 킹 목사의 삶과 정신을 담은 책입니다.

 **미리 맛보기**   마음을 열어요

근대 흑인노예 제도에 대해 알아보기

 신대륙이 발견되고 그곳의 경제개발이 구체화됨에 따라 노동력으로서의 아프리카 노예의 가치가 올라가고 유럽 열강들은 대서양 노예무역에 종사하게 되었습니다. 이 대서양 노예무역의 규모에 관해서는 정확한 기록이 없어 갖가지 추정이 시도되어 왔으나, 통설로는 1,500만에서 2,000만 명으로 되어 있었습니다.

 노예제는 경제적 필요에 의해 시작되었으며, 이때의 노예는 민족적이거나 인종적인 문제로 노예를 삼는다는 개념이 강했습니다. 즉 그 개인이 속한 집단이 열등하고 미개한 민족이기 때문에 노예를 삼는다고 생각했습니다. 유럽인에게 흑인은 검둥이라는 경멸의 대상이 되었고, 기껏 대접받는다 해야 몸뚱이만 커다란 어린아이나 물건으로 취급되었습니다. 유럽인은 그들과 다른 사람들에게 절대적인 우월감을 지녔던 것입니다.

 특히 18세기에는 서인도제도에 대한 노예수출, 서인도제도로부터 유럽으로의 열대산물의 수출, 그것을 받아들여 가공한 제품을 아메리카로 운반하여 노예와 교환하는 이른바 삼각무역이 성립하여 노예무역은 최고조에 달했습니다. 아프리카에서 노예사냥꾼들에 의해 강제로 잡혀온 흑인들은 거의 전부가 단순노동에 동원되었습니다. 즉 상업적인 목적을 지니는 금광, 은광, 사탕수수 농장, 쌀 농장 등 막대한 노동력을 필요로 하는 곳에 주로 동원되었습니다. 노예들은 작열하는 태양 아래에서 혹사당하고 노동착취를 당하며 고단한 삶을 살아가야 했습니다.

1 근대 흑인노예 제도에 대한 글을 읽고 느낀 점이나 생각한 것을 두 가지 이상 써 보세요.

2 여러분은 '평화'라고 하면 어떤 것들이 떠오르나요?

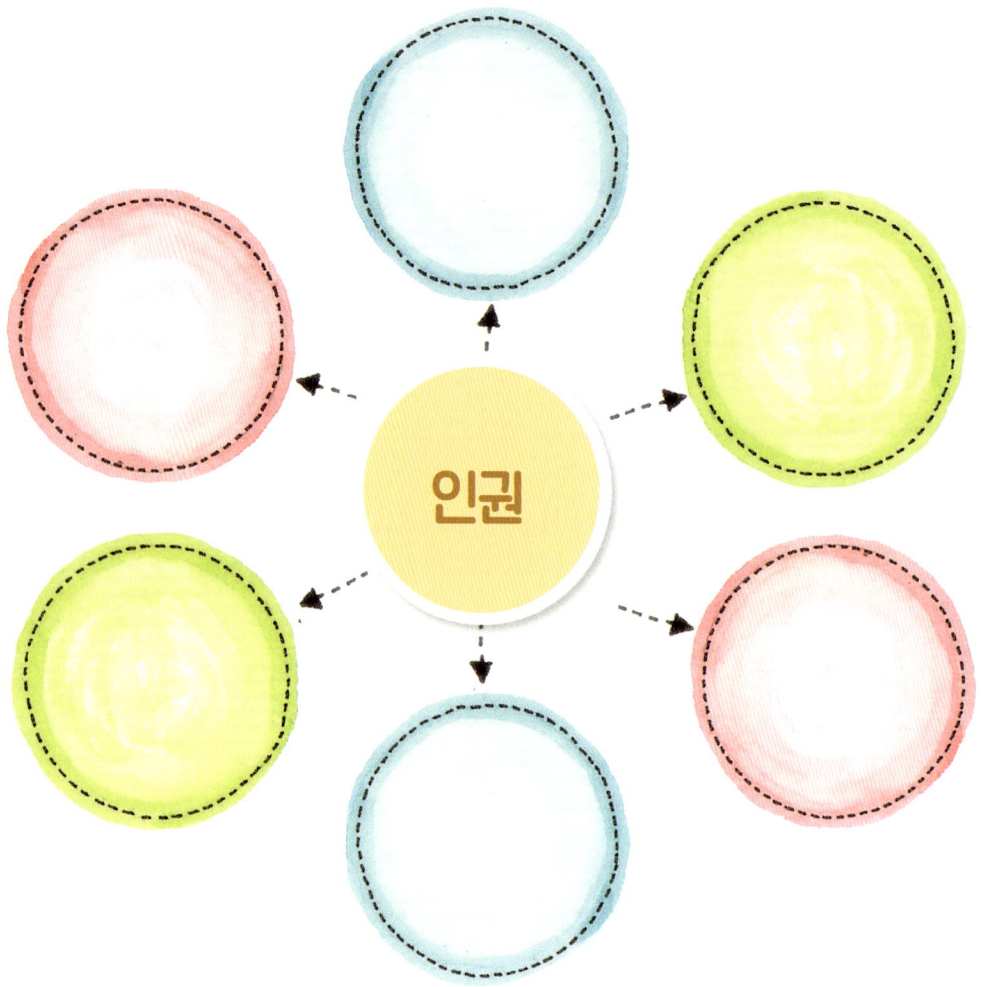

3 만약 누군가에게 구속을 당해 내 마음대로 할 수 있는 일이 아무 것도 없다면 여러분의 삶은 어떻게 될까요?

 **차근차근 맛보기**   내용을 이해해요

1 자유를 외치기 전까지 흑인들은 미국에서 어떤 대접을 받고 살았나요?

버스	
식당과 가게	
공원	
학교	
병원	

2 몽고메리의 어떤 버스에서 흑인 여성 한 사람이 경찰에 체포된 이유는 무엇인가요? 그 흑인 여성이 그런 행동을 한 이유는 무엇이었을까요?

흑인 여성이 경찰에 체포된 이유	
흑인 여성이 그런 행동을 한 이유	

평화 • 67

3 흑인들이 단결된 힘을 보여주기 위해 실천했던 일들을 찾아서 3가지 이상 적어 보세요.

---

4 흑인들의 평화 시위에 백인들은 폭력으로 보복하였습니다. 똑같이 폭력으로 되갚아 주자는 흑인들을 킹 목사는 어떤 말로 설득했나요? 킹 목사가 그런 말로 설득한 이유는 무엇일까요?

킹 목사의 설득	
그런 설득을 한 이유	

 다양한 맛 즐기기 넓고 깊게 생각해요

1 자유와 평화를 갖지 못하고 살아야 했던 흑인들의 마음은 어떠했을까요?

----

2 우리 주변에서 다르다는 이유만으로 자유나 평화를 보장받지 못하고 있는 사람들에 대해 들어 본 적이 있다면 소개해 보세요. 그리고 그들에게 평화를 보장해 줄 수 있는 해결책도 생각해 보세요.

자유나 평화를 보장 받지 못하는 사람들 이야기	
평화를 보장해 줄 수 있는 해결책	

국경없는 마을을 아시나요?

 안산시 원곡동에는 '국경없는 마을'이 있습니다. 이곳에는 내국인보다 외국인이 더 많습니다. 중국인을 비롯해 인도네시아 몽골, 베트남 등 60여개국 5만여 명으 외국인이 이곳에 터를 잡고 살고 있습니다. 이곳에 다문화가 형성된 것은 1990년대라고 합니다. 안산, 고잔, 시화공단에서 외국인 노동자를 고용하면서 자연스럽게 다문화 촌이 만들어졌습니다.
 외국인 노동자들이 우리 나라 땅에 이주해 온 것은 단기간 취업을 통해 돈을 벌기 위한 것이 주된 이유입니다. 그리고 우리 나라는 외국인 노동자들의 값싼 노동력으로 기업의 경쟁력을 강화하기 위해 그들을 받아들였습니다. 외국인 노동자들은 값싼 노동력 이전에 우리와 함께 이 세계를 살아가는 한 사람으로서 우리 곁에 찾아왔으며, 현재 일정 지역에 집단으로 거주하면서 공동체를 이루고 살아가고 있습니다. 그럼에도 그들은 국적, 인종, 종교, 문화적 이방인으로 차별 대우를 받으며 살아가는 것이 오늘의 현실입니다.
 그 결과 오늘날 한국의 외국인 노동자 문제는 단순한 불법 체류의 문제를 넘어 이제 지역 공동체의 문제로 급속히 이전되고 있으며, 이러한 문제는 한국 사회에 새로운 과제를 던져주고 있습니다.
 국적이 다른 외국인 노동자들의 집단화 및 정주화는 한 지역사회에서 내국인과 갈등을 일으키기도 합니다. 즉 문화적 차이와 편견, 차별 등의 이유로 기존의 지역주민과 외국인 노동자 간에 마찰이 생기는 것입니다. 외국인 노동자자의 범죄 증가, 떼거리로 몰려다니기, 쓰레기 문제, 고성방가 등으로 외국인 노동자 집단 거주 지역이 슬럼화되거나 성범죄 등으로 지역 주민들과 갈등이 증폭될 수 있습니다. 그러나 한편에서는 다국적 문화행사를 통한 타문화 이해, 지역주민과의 체육 행사를 통한 화합의 마당, 공동 쓰레기 청소 등을 통해 지역사회 차원에서의 협동의 모습을 취하기도 합니다. 따라서 외국인 노동자 집단 거주 지역은 지역사회 통합의 문제, 문화적 적응 및 갈등 문제, 주택·교육·의료 문제 등 앞으로 꾸준히 풀어가야 할 과제를 안고 있습니다.

〈출처 : 국경없는 마을(2009), 추천의 글 부분 인용〉

3 국경없는 마을에 대한 위 글을 읽고 알게 된 점이 있다면 적어 보세요.

4 주변에서 외국인 노동자를 본 적이 있나요? 그때 어떤 생각이나 느낌이 들었나요? 만약 직접 본 적이 없다면 기사나 이야기에서 읽은 내용을 생각하여 말해 보세요.

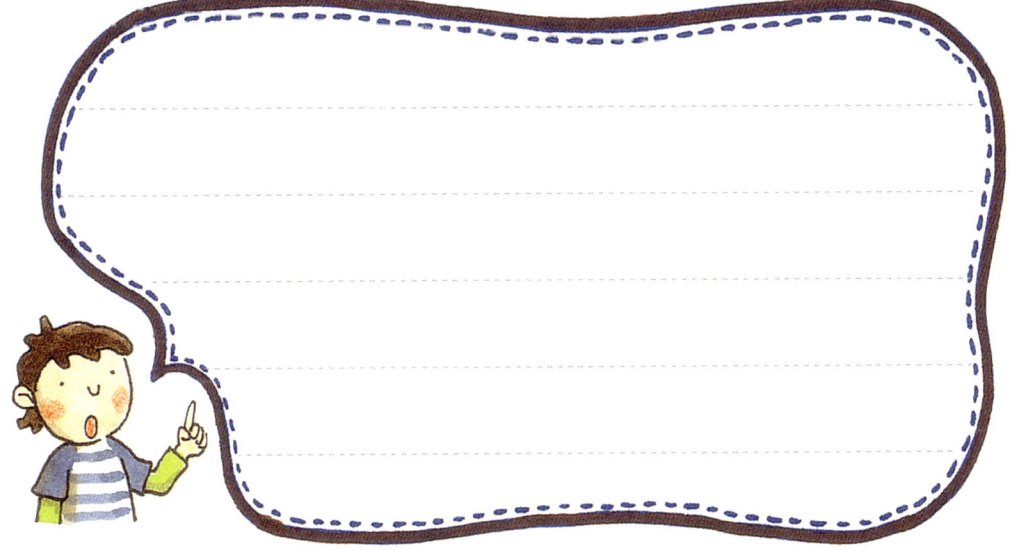

5 위 이야기를 보면 외국인 노동자가 우리나라에 살게 되면서 다양한 문제가 발생할 수 있습니다. 특히 외국인 노동자가 많이 살고 있는 안산 시장님에게 이런 문제를 평화적으로 해결할 수 있는 방법을 생각해서 시민 제안서를 작성해 보세요.

시민 제안서

제 안 사 항	
사 업 명	
사업배경 (필요성)	
사업내용	▫ 사업개요 ㅇ 위치 : ㅇ 내용 :
예상효과	ㅇ 사업이 선정될 경우 예상되는 효과

20   년   월   일

안산 시장 귀하

 **함께 맛 나누기**　　독서 토론을 해요

1 제주도에 관광을 온 중국인들이 제주시의 한 음식점에서 여주인을 집단 폭행하고 이를 말리던 한국인 손님에게도 폭력을 행사한 사건이 있었습니다. 이 사건에 대한 여러분의 입장을 이야기해 보세요.

찬성 : 문화적 배경에 따른 충돌이니 이해해야 한다.

근거 1)

근거 2)

근거 3)

반대 : 한국의 법률에 따라 똑같이 처벌해야 한다.

근거 1)

근거 2)

근거 3)

2 백인과 같은 권리를 주장하는 흑인들에게 경찰은 물대포와 개를 들이대며 무참하게 짓밟았습니다. 그 당시에는 흑인들의 주장이 사회 질서에 저항하는 것이었기 때문입니다. 사회질서를 바로 잡기 위한 경찰의 대응 방법에 대한 여러분의 의견을 말해 보세요.

찬성 : 사회 질서 유지를 위해서는 어느 정도의 폭력은 불가피하다.

근거 1)

근거 2)

근거 3)

반대 : 어떤 상황에서도 폭력을 사용해서는 안된다.

근거 1)

근거 2)

근거 3)

3 교차질의식 독서토론을 해 보세요.

대상도서	자유의 노래	
주제	상황에 따라 폭력적 행동은 가능하다.	
주장	찬성	반대
	상황에 따라서는 폭력을 사용할 수도 있다.	어떤 상황에서도 폭력은 사용하면 안된다.
주장의 이유		
주장의 근거		
예상되는 반론 및 예상 반론 꺾기		
정리		

* 부록1)을 참고해 주세요.

 쓱싹 쓱싹 요리하기   재미있는 독서 글을 써요

전쟁
로베르트
14살, 포카 지역 피난민 소년

전쟁과 싸움을 멈추세요
어린이 얼굴에 웃음이 살아나게
비행기와 폭탄을 멈추게 하세요
어린이 얼굴에 웃음이 살아나게

군대 자동차들을 모두 멈추게 하세요
어린이 얼굴에 웃음이 살아나게
죽이고 부수는 모든 것을 멈추게 하세요
어린이 얼굴에 행복한 웃음이 살아나게

—이바나/11살, 체핀 지역

〈출처 : 나는 평화를 꿈꿔요/유니세프 엮음/비룡소/2010〉

1 유고슬라비아 어린이들이 직접 쓰고 그린 전쟁의 모습을 보고 그 친구들에게 보내는 사랑의 편지를 써 보세요.

-We are the world-우리는 하나의 세계랍니다-

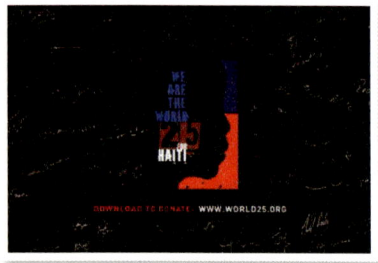

We Are The World 25 For Haiti-Official
https://www.youtube.com/watch?v=Glny4jSciVI

There comes a time when we heed a certain call 어떤 부름에 귀 기울일 때가 왔습니다.

When the world must come together as one 세계가 하나로 뭉쳐야 할 때입니다.

There are people dying 어느 곳에서는 사람이 죽어가고 있어요.

Oh, and it's time to lend a hand to life, the greatest gift of all 삶의 손길을 빌려주어야 할 때입니다. 모든 것 중에서 가장 위대한 선물을 말이에요.

We can't go on pretending day by day 우리는 매일 매일 그냥 지나칠 수 만은 없습니다.

That someone, somehow will soon make a change 누군가, 어디에선가 곧 변화를 일으키겠지라고 모른척하며

We're all a part of God's great big family 하느님의 위대함 앞에서 우리는 하나의 가족입니다.

And the truth, you know love is all we need 당신이 진실을 알고 있듯이 지금 우리에게 필요한 것은 사랑뿐이랍니다.

* We are the world, we are the children 우리는 하나의 세계이며 우리는 같은 자손입니다.

We are the ones who make a brighter day, so let's start giving 우리는 함께 밝은 미래를 만들어가야 할 사람들입니다. 그러니까 진심으로 베풀어요.

There's a choice we're making, we're saving our own lives 지금이야말로 우리 삶을 구원할 기회입니다.

It's true we'll make a better day just you and me 맞아요, 우린 함께 더 나은 세상을 만들어야 해요. 바로 당신과 내가 말이에요.*

Well, send'em you your heart, so they know that someone cares 그들에게 여러분의 마음을 보내세요. 그들도 누군가가 자신들을 걱정하고 있음을 알게 되고

And their lives will be stronger and free 그들의 삶이 보다 강해지고 자유로워질 테니까요.

As God has shown us by turning stone to bread And so we all must lend a helping hand 하나님께서 돌이 빵으로 바뀌는 기적을 보여주셨듯이 이제는 우리가 구원의 손길을 보내야 합니다.

When you're down and out, there seems no hope at all 너무 힘들고 지쳤을 땐 희망이란 전혀 없어 보이죠.

But if you just believe, there's no way we can fall 하지만 믿음을 갖기만 하면 절대 불가능이란 없는 법이에요.

Well, well, well, let's realize that one change can only come When we stand together as 자, 자, 자, 깨달아 봐요. 우리가 하나로 뭉칠 때 기적이 일어나리라는 걸 기억해요.

**부분 반복

2. 'We Are The World 25 For Haiti-Official' 동영상을 시청한 후 평화를 실천하기 위한 나의 다짐을 작성하고 생활 속에서 실천해 봅시다.

〈나의 평화 실천 다짐〉

1.
2.
3.
4.
5.

실천내용	매우 잘 실천 했어요 ◎	잘 실천 했어요 ○	좀 더 노력할게요 △

평화 • 79

2. '평화'를 위한 두 번째 책을 만나요

관련 핵심역량

자기관리역량, 심미적 감성 역량,
의사소통 역량, 공동체 역량

카롤린 필립스 글 / 전은경 역 / 허구 그림 / 푸른숲주니어

 **어떻게 읽을까요?**

1. 차별과 차이를 생각해보며 읽어요.
2. 다문화가정을 이해하는 시각으로 읽어요.
3. 문화의 다양성을 존중하면서 공존할 수 있는 방안을 생각하며 읽어요.

 **어떤 내용일까요?**

　샘은 피부가 까맣다는 이유로 전학 오던 날 백인친구 보리스에게 커피 우유라는 별명을 얻게 됩니다. 자신이 최고라고 생각했던 보리스는 샘에게 계속 뒤처지게 되고 라이벌이 된 샘에게 점점 더 질투심을 키우며 샘을 놀립니다.
　샘의 반 친구들은 음악 경연대회를 준비하면서 샘이 반주를 맡게 되지만 팔에 한 깁스로 보리스가 반주를 하게 됩니다. 반주를 하지 못하게 된 샘은 너무 속상하지만 주변 사람들은 자신의 마음을 몰라주는 것 같아 경연대회에 참석하는 것을 포기하고 싶어합니다. 힘들어 하는 샘에게 보리스는 한 손씩 피아노 반주 연습을 해서 경연대회의 반주를 같이 하자고 제안합니다. 샘은 왼손, 보리스는 오른손으로 매일매일 반주 연습을 해서 결국 경연대회에서 2등을 하게 되고 특별상으로 반 여행까지 가게 됩니다.
　다른 친구들과 다르다는 이유로 차별과 놀림을 당해야 했던 샘, 하지만 결국엔 이해와 화합으로 친구들과 우정을 나눕니다.

 **미리 맛보기** 　마음을 열어요

1　놀림이나 따돌림을 당한 경험이 있나요? 무엇 때문에 놀림이나 따돌림을 당했으며 그 때의 느낌은 어떠했는지 써 보세요. 본인의 경험이 없다면 보거나 들은 내용을 써 보세요.

2　내가 친구들에게 서로 다르다는 이유만으로 차별을 받는다면 어떤 기분이 들까요?

3 여러분에게는 고민을 들어주거나 든든한 지원을 해 주는 친구나 의지할 만한 사람이 있나요? 왜 그렇게 생각하는지 그 사람을 자세히 소개해 보세요.

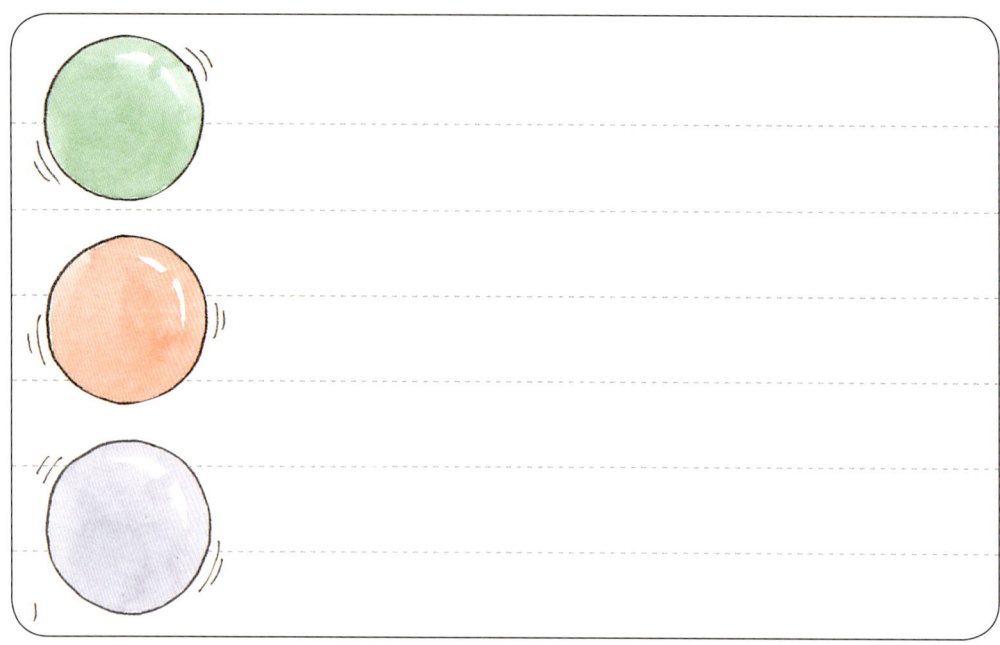

4 여러분 주변에 '왕따'나 '학교폭력'문제로 고통 받는 친구가 있나요? 그런 친구를 보면서 어떤 생각이나 행동을 했나요? 본인의 경험이 없다면 보거나 들은 내용을 생각해서 써 보세요.

 **차근차근 맛보기** 내용을 이해해요

1 샘의 부모가 에리트레아를 떠나 독일에서 살게 된 과정을 이야기해 보세요.

2 학교에 처음 전학 오던 날 샘은 초코우유라는 별명을 얻게 됩니다. 피부가 검다는 이유로 초코우유라는 별명을 샘에게 붙인 보리스의 행동은 폭력일까요? 여러분의 의견을 이유를 들어 써 보세요.

3 왜 샘의 이웃들은 소년들이 폭력적인 행동을 하는 것을 경찰에 신고하지 않고 지켜보고만 있었을까요?

샘이 바지를 벗어 갈색 다리를 드러내면, 보리스는 탈의실이 쩡쩡 울리도록 큰 목소리로 소리를 질렀다.
"누가 검둥이를 두려워하지?"
그러면 보리스의 일당들이 기다렸다는 듯 곧바로 대꾸를 했다.
"아무도 없지!"
"그런데도 검둥이가 다가오면?"
"잽싸게 도망가야지!"
그러고는 탈의실의 옷걸이 주위를 뱅글뱅글 돌며 뛰어다녔다. 그러다가 우연히 샘의 몸에 손이 닿기라도 하면 금방이라도 숨이 넘어갈 듯 꺅꺅거리며 소리를 질러 댔다.
나중에 샘은 이 장난이 아주 옛날부터 전해 내려오던 놀이라는 것과 그들이 내뱉는 단어 하나하나에 주의를 기울이는 사람은 아무도 없다는 것을 알게 되었다.

〈출처 : 본문 77~79쪽〉

4 위의 글에서 볼 때 다문화에 대한 보리스와 보리스 일당들의 잘못된 생각이나 행동은 어떤 것인가요? 이유도 말해 보세요.

5 연주회에서 샘은 왼손으로 보리스는 오른손으로 반주하여 피아노 이중주 특별상을 받게 되었습니다. 그 때 샘과 보리스는 어떤 생각을 하게 되었을까요?

 **다양한 맛 즐기기** 넓고 깊게 생각해요

"여기 여기 붙어라"

　사람 人 자는 두 사람이 서로 등을 맞대고 기대어 있는 모양을 보고 만들어졌다고 합니다.
　다르다는 이유로 마음의 문을 꽁꽁 닫고 있는 것은 아닌지요.
　외면하지 마세요. 잡아주세요.
　다문화는 우리가 함께 힘을 모아야 할 문제입니다.

〈출처 : 다양한 대한민국-다문화 가정 공익광고〉

1 위의 공익광고처럼 다문화와 관련된 광고를 다시 만들어 보세요.

광고의 뜻	

17년 8개월

〈출처 : 지식채널e-17년 8개월 https://www.youtube.com/watch?v=clriAPdFlE8〉

이 동영상은 네팔에서 한국에 넘어와 17년 8개월동안 불법 체류를 했던 '미루'씨의 이야기다. IMF시절 대부분의 노동자들이 임금 하락때문에 공장을 그만둠에도 불구하고 그는 사장님, 사모님과 함께 공장을 지켰다.

2003년 우리나라에서 '고용허가제'를 도입하였다. 그 당시 40만 이주노동자중 80%가 불법체류자였는데 그중 체류기간이 4년 이하인 이주민들은 합법화하고 나머지 그 이상의 기간을 머문 13만명의 이주자들은 강제추방 시켰다. 이루는 'STOP CRACKDOWN'이라는 밴드를 결성하여 불법체류자들을 위해 시위를 했다. 결국 2009년 10월 8일 집 앞에서 체포된다.

'그간 나는 이주민과 한국인이 소통할 수 있는 세상을 위해 일했다. 이런 방식은 내가 좋아하고 사랑하는 한국을 비하하는 일이다. 나는 한국이 걱정된다. 한국이 사랑받지 못하는 나라가 될까봐...'

-2009. 10. 21 미루의 일기중-

* 고용허가제란 : 고용주가 필요한 외국인 인력을 신청하고 정부가 해외에서 취업비자를 받아 입국하는 외국인들을 선별해서 연결해주는 것으로 합법적인 외국인 노동자 고용을 위해 마련된 제도이다.

〈출처 : 위키피디아〉

2 17년 8개월이라는 동영상을 보고 우리나라에 거주하는 외국인들이 생활하면서 느낄 수 있는 생각이나 감정을 생각지도로 만들어 보세요.

 **함께 맛 나누기**   톡서 토론을 해요

1 보리스와 보리스 일당들이 샘을 놀릴 때, 다른 친구들은 직접 놀리지는 않았지만 말리지도 않았 습니다. 만약 여러분이 친구들이었다면 그 상황에서 어떻게 행동했을지 자신의 생각을 이야기해 보세요.

찬성 : 친구들처럼 가만히 있는다.

근거 1)

근거 2)

근거 3)

반대 : 놀리는 행동을 말린다.

근거 1)

근거 2)

근거 3)

2 현재 우리나라에는 많은 외국인 노동자들이 들어와 일하고 있습니다. 이들은 주로 값싼 노동력으로 기업의 경쟁력을 높이기 위해 고용된 경우가 많아 열악한 환경에서 일하고 있습니다. 외국인 노동자들의 처우에 대해 어떻게 생각하나요?

찬성 : 외국인 노동자가 열악한 환경에서 근무하는 것은 당연하다.

근거 1)

근거 2)

근거 3)

반대 : 외국인 노동자들도 열악한 환경에서 근무하지 말아야 한다.

근거 1)

근거 2)

근거 3)

3 교차질의식 독서토론을 해 보세요.

대상도서	커피우유와 소보로빵	
주제	아무 행동도 하지 않은 방관도 폭력이다.	
주장	찬성	반대
	말리지 않고 가만히 있는 행동도 폭력이다.	직접 폭력에 가담하지 않으면 폭력이 아니다.
주장의 이유		
주장의 근거		
예상되는 반론 및 예상 반론 꺾기		
정리		

* 부록1)을 참고해 주세요.

쓱싹 쓱싹 요리하기 — 재미있는 독서 글을 써요

2010년 다문화 혼인 35,098건, 이혼 14,319건, 출생 20,312명, 사망 1,506명

- 다문화 혼인은 35,098건, 이혼은 14,319건
  - 최근 3년 추이를 보면, 혼인은 2008년에 3만6천건으로 가장 높았고 이혼은 지속 증가추세
- 다문화 출생은 20,312명, 사망은 1,506명
  - 최근 3년 추이를 보면, 출생은 2008년 1만 3천명에서 2010년 2만명으로 증가해왔고, 사망도 지속 증가추세

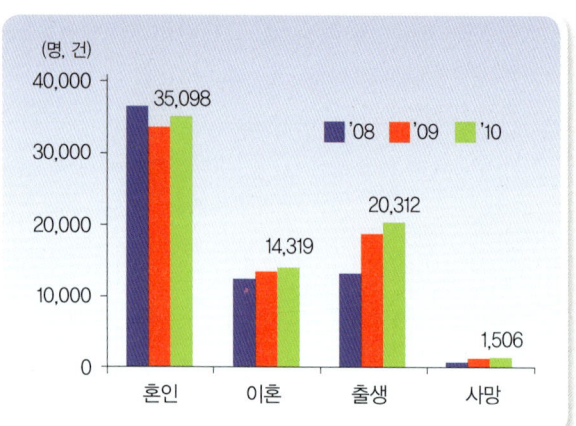

국내 체류 외국인 경제활동상태

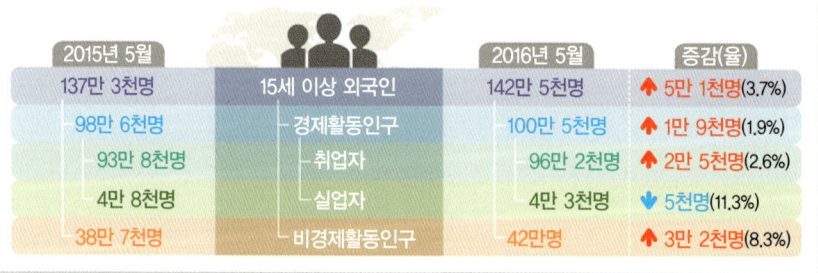

- 2016년 5월 현재, 15세 이상 국내 상주 외국인은 142만 5천명, 전년대비 5만 1천명(3.7%) 증가
  - 국내 외국인 취업자는 96만 2천명, 전년대비 2만 5천명(2.6%) 증가
  - 외국인 고용률은 67.6%로 전년대비 0.7%p 하락, 실업률은 4.2%로 전년대비 0.7%p 하락

〈출처 : 통계청〉

1 위의 통계청 자료에 의하면 우리 주위에서 다문화 가정이 늘어나고 있는 이유는 무엇입니까?

2 점점 많아지고 있는 다문화 가정과 더불어 살아가기 위해서 우리가 가져야 할 자세에 대해 이야기해 보세요.

포스터부문 일반인 이경숙 씨

 교육부와 국가평행교육진흥원이 다문화 인식개선을 위해 실시한 우수사례 공모전에서 지문이 다르듯 우린 모두 다른 사람들이라는 독창성과 의미 전달력이 우수한 포스터부문의 당선작이다.

3 다름을 인정하고 다양한 문화를 이해하고 평화를 실천하기 위하여 다른 나라들의 인사말과 그 나라의 대표적인 음식 등에 관하여 알아보세요.

국가	인사말	대표 음식	더 알아보고 싶은 것

1 '평화' 이야기를 더 알아보아요.

사단법인 다문화가족행복나눔센터 이주민과 다문화가족을 지원하기 위하여 설립

다문화 가족 행복 나눔 센터
mfscen.org/

이주배경청소년(탈북청소년, 다문화청소년, 중도입국청소년 등)을 지원하고 더불어 살아가는 다문화 사회를 만들어가는 비영리 재단법인

무지개 청소년센터
www.rainbowyouth.or.kr/

이주민의 사회통합과 권익향상, 다문화 국민 캠페인, 다문화 청소년 육영사업, 가정지원, 정책 연구 및 교육활동 등

한국다문화센터
www.cmck.kr/

다문화가정의 아동, 청소년에게 한국인으로서 자부심을 갖게 하고 꿈을 키워 나가면서 당당한 대한민국의 미래 주역으로 성장하도록 지원

인클로버재단
www.inclover.or.kr/

1-1 다문화 가족이 늘어나면서 그들을 돕고 지원하고자 하는 각종 단체들이 늘어나고 있습니다. 여러분이 만약 다문화 가족을 돕는 비영리 단체를 설립한다면 어떤 단체를 설립하고 싶은지 사업계획을 세워보세요.

○○ 비영리 사단법인 설립 사업 계획서

사 업 명	
사업목적	
사업내용	
기대효과	

2 다양한 매체를 더 만나 보아요.

울지마 톤즈 Don't Cry for Me Sudan, 2010
개요 다큐멘터리 / 한국 / 91분 / 2010. 09. 09. 개봉
감독 구수환 / 출연 이금희(나레이션), 이태석(본인)

2010년 2월, 아프리카 수단 남쪽의 작은 마을 톤즈. 남 수단의 자랑인 톤즈 브라스 밴드가 마을을 행진했다. 선두에선 소년들은 한 남자의 사진을 들고 있고 있었다. 환하게 웃고 있는 사진 속 한 남자…… 마을 사람들은 톤즈의 아버지였던 그의 죽음이 믿기지 않는다며 눈물을 흘렸다. 모든 것이 메마른 땅 톤즈에서 눈물의 배웅을 받으며 이 세상 마지막 길을 떠난 사람, 마흔 여덟의 나이로 짧은 생을 마감한 故 이태석 신부다. 톤즈의 아버지이자, 의사였고, 선생님, 지휘자, 건축가였던 쫄리 신부님, 이태석……

잠들지 않는 톤즈의 병원, 그 곳의 유일한 의사 이태석 신부
한국의 슈바이처라 불린 그의 투혼이 살려낸 소중한 생명들!

사랑을 가르치는 거룩한 돈보스코 초, 중고등학교,
내 집처럼 느껴지는 정이 넘치는 학교를 꿈꾸다!

꿈을 현실로 만드는 사람,
한센인의 아픔을 함께 하다!

총 대신 악기를 든 아이들
브라스 밴드가 만들어낸 희망의 기적!

2-1 이태석 신부님은 다른 민족인 가난한 마을 톤즈 사람들을 위해 사랑을 베풀고 평화를 실천하였습니다. 다른 사람에게 조건없이 사랑을 베풀거나 평화를 실천한 사람에 대해서 여러분이 알고 있는 이야기가 있다면 소개해 보세요.

2-2 다른 문화 다른 국가의 사람을 돕는 일은 훌륭한 사람만 할 수 있는 것일까요? 여러분이 생활 속에서 실천할 수 있는 다문화 친구를 도울 수 있는 방법을 생각해 보고 그림과 글자를 넣어 홍보지를 만들어 보세요.

3 이런 책들도 함께 읽으면 좋아요.

남아프리카 공화국 사람들은 200년 동안 백인들의 지배를 받아오며 무시당하고 자유를 억압받고 살았다. 하지만 만델라는 이에 굴하지 않고 남아프리카 공화국의 보다 나은 미래를 위해 싸웠다. 27년 동안이나 감옥에 수감되어 있으면서도 끝까지 투쟁하여 남아프리카 공화국 최초의 흑인 대통령이 되었다.

자유와 평화의 등불 넬슨 만델라 / 김옥림 / 문이당어린이

옛날 한 마을에 마음씨 착한 사냥꾼 부부가 오누이를 키우며 살았다. 그 마을의 마음씨 나쁜 족장은 마을 사람들의 재산을 빼앗아 가지곤 했다. 어느날 아버지는 족장 때눙에 사고로 죽게 되었고 어머니와 오누이는 족장으로부터 도망을 다니던 중 헤어지고 말았다. 너무도 사악했던 족장은 더 이상 인간으로 살지 못하고 호랑이가 되었다. 그 후에도 계속 나쁜 짓을 일삼는다. 오누이는 어떤 도움으로 엄마를 만날 수 있을까?

엄마를 찾아서 / 응웬 후이 뜨엉 글 / 응웬 꽁 호안 그림
이구용 옮김 / 정인출판사

차우 할머니는 하품을 할 때도, 웃을 때에도 입을 한 가득 벌리곤 했다. 그러다 아뿔싸, 메뚜기가 입 안으로 그만 들어가 버리고 말았다. 차우 할머니는 뱃속의 메뚜기를 잡으려고 새를 한 마리 꿀꺽 삼켰다. 그리고 고양이를, 개를, 호랑이를, 마침내 커다란 코끼리까지 삼키고 말았다. 과연 차우 할머니의 뱃속에 들어간 동물들은 차우 할머니 바램대로 서로를 잡아 먹었을까?

꿀꺽꿀꺽 차우할머니 / 크릴크 윤펀 글
프리다 펀야천, 치완 위사사 그림
이구용 옮김 / 정인출판사

버스는 남녀노소, 종교, 인종, 계층을 불문하고 소외되는 자, 차별받는 자, 외로운 자 없이 모두가 행복한 상징적이고 이상적인 곳으로 모든 이들이 하나가 되어 삶을 즐기는 공간이다. 낡고 오래된 고물 버스를 '특별한 공간'으로 만들어 가는 사람들의 이야기를 통해 평화를 이루기 위해 어떻게 할지 생각해 보자.

우리들의 특별한 버스 / 밥 그레이엄 / 시공주니어

1. 다문화 속 '관용'에 대해 알아보아요.

"전 가난한 집에서 태어나
정상적인 학교 교육을 받지 못했습니다.
사업을 하다 두 번 망했고, 선거에서는
여덟 번 낙선했습니다. 사랑하는 여인을 잃고
정신병원 신세를 지기도 했습니다.
제가 운이 나쁜 사람이라고요? 글쎄요.
참, 하나를 빼먹었군요. 저는 인생 막바지에
미국의 16대 대통령이 되었습니다.
제 이름은 링컨입니다."

- 신인철의 〈핑계〉 중에서 -

**"우리 모두는 링컨을 인류 역사상
가장 위대한 성자로 영원히 기억할 것입니다."**

- 러시아의 대문호 톨스토이

관용의 리더십을 발휘했던 링컨에 관한 유명한 이야기가 있습니다. 링컨 대통령 사후 그의 유품 중에는 편지가 많았는데 그 편지 중에 이런 게 있었다고 합니다. 남북 전쟁 중 북군의 미드 장군이 링컨의 명령을 어기고 결정적인 실수를 했습니다. 화가 머리끝까지 난 링컨이 미드 장군을 심하게 질책하는 내용의 편지가 있었는데, 이 편지는 끝내 보내지 않은 채 서류함에 들어 있었습니다. 만일 이 편지를 미드 장군이 읽었다고 하면 어찌 되었을까요? 미드 장군은 변명하면서 나쁜 마음을 품었을지도 모릅니다. 자존심이 상한 장군이 자신의 직책을 포기하고 사직했을 수도 있습니다. 링컨은 분노를 참고 유능한 인재를 아끼는 마음에서 서류함에 넣어두었던 것입니다.

또 이런 일화도 있습니다. 링컨은 대통령이 되자 그를 평생 괴롭힌 정적 스탠턴을 국방부장관에 임명합니다. 주위에서 반대가 심하자, 그는 이렇게 말했습니다.

"원수는 죽여서 없애는 게 아니라 마음속에서 없애야지요. 이제 그 사람은 나의 적이 아닙니다. 나는 적이 없어져서 좋고, 그처럼 능력 있는 사람의 도움을 받아서 좋고 일석이조 아닙니까?"

노예 해방에 앞장서며 위대한 관용의 미덕을 보여준 링컨의 모습을 다시금 생각해보게 됩니다.

자신을 저격한 청년을 용서한 교황 요한 바오로 2세의 관용
"저는 저를 저격한 우리의 형제를 위해 기도하고 있습니다."

"인류의 역사적 공존을 위해 용서는 꼭 필요한 덕목이다."

"평화를 얻으려면 평화를 가르쳐라"

– 교황 요한 바오로 2세 (1920년~2005년) –

1978년 교황으로 선출된 후 26년간 재임했던 제264대 가톨릭 교황인 요한 바오로 2세. 그는 여러 종교 간의 오랜 불신을 털고 대화와 용서, 화해를 추구했는가 하면 가난한 자와 소외된 자, 전쟁 난민, 인권 등에 대해서 깊은 연민과 관용의 정신을 보여 추앙받았던 분입니다. 그의 이러한 관용의 미덕을 잘 보여준 유명한 일화가 있습니다.

1981년, 성 베드로 광장에서 요한 바오로 2세는 환호하는 신자들의 손을 잡아주고, 아이를 안아주거나 머리를 쓰다듬으며 축복했습니다. 그는 1700만명 이상의 신자들을 직접 만난 행동하는 교황이었습니다. 이 때 4발의 총성이 울렸고, 요한 바오로 2세는 총격에 맞아 쓰러져 병원으로 이송됐습니다. 신자들은 충격에 휩싸여 기도했습니다. 총을 쏜 범인은 이슬람을 제외한 타종교에 철저히 배타적인 입장을 가진 터키인 메흐메트 알리 아그자였습니다. 그는 사건 현장에서 바로 체포돼 종신형을 선고받았으나 교황 요한 바오로 2세의 뜻에 따라 수감 19년 만에 풀려났습니다. 요한 바오로 2세 교황은 그가 쏜 총탄에 쓰러져 대수술을 받은 직후 저격범을 용서하겠다고 말한 데 이어 1983년 교도소에 찾아가 거듭 용서의 뜻을 밝혔습니다.

그는 수많은 병마와 싸우면서도 왕성한 활동을 이어나갔는데, 세상을 떠나기 직전 이런 명언을 남겼다고 합니다. "나는 행복합니다. 그대들도 행복하세요."

2. 다문화사회에서 '관용'은 왜 중요할까요?

　우리가 살아가고 있는 이 세상엔 참으로 다양한 생각을 가진 사람들이 모여 있어요. 그리고 다름과 차이를 가진 한 사람, 한 사람이 서로 어우러져 함께 살아가지요. 이렇게 같이 더불어 살아가는 세상을 풍요롭고 조화롭게 하는 데 중요한 바탕이 되는 것이 바로 관용이랍니다. 왜냐고요? 관용의 의미를 천천히 살펴보면 알 수 있을 거예요.

> "관용이란,
> 상대방과 의견이 다르거나 부딪칠 때
> 너그러운 마음으로 상대방을 인정하고,
> 때로는 상대방의 잘못까지도 진심으로 용서해 주는 것"

　관용을 베푸는 사회는 큰 다툼 없이 대화와 타협을 통해 많은 문제를 해결해 나갈 수 있어요. 물론 살아가면서 사람은 누구나 실수를 하거나 잘못을 할 수 있어요. 여러분도 마찬가지예요. 그런데 실수나 잘못을 용서받지 못한다면 어떤 마음이 들까요? 무척 힘들겠지요? 어쩌면 '한 번 잘못 했으니 또 한 번 하면 어때?' 하면서 또다시 실수를 하거나 잘못을 저지를 수 있어요. 그렇게 되면 자신의 잘못을 뉘우치는 일이 생기지 않을지도 몰라요. 그러나 실수와 잘못을 용서받을 수 있다면 잘못을 뉘우치고 바르게 살아갈 수 있는 기회를 얻게 될 거예요.

　외국 명언에 "마음이 너그러우면 몸도 편안하다."는 말이 있어요. 마음을 너그럽게 먹으면 근심, 걱정, 미움, 탐욕이 사라지기 때문에 몸도 따라서 편해진다는 말이에요. 세상 모든 일이 마음먹기에 따라 달라진다는 얘기지요. 우리의 마음은 지금 어떤가요? 나와 다른 문화를 가진 사람들을 너그러운 마음으로 인정하고 받아들이나요?

　나와 다른 점도 인정할 줄 아는 관용의 자세가 필요해요. 나와 다르다고 알게 모르게 선을 그어 놓고 차별하는 것은 너그럽지 못한 행동이지요. 내 기준에 맞춰 '그 사람은 틀리다.'고 할 게 아니라 '나와는 다르지만 존중한다.'는 여유 있는 마음가짐을 길러야 한답니다. 나와 다름을 인정하고 배려하는 정신, 그 관용의 미덕이야말로 미래를 헤치고 나갈 중요한 덕목이기 때문입니다.

 맛있게 읽어요

1. '관용'을 위한 첫 번째 책을 만나요

관련 핵심역량

심미적 감성 역량, 의사소통 역량, 공동체 역량

안드레스 피 안드레우 글 / 킴 아마테 그림 / 고래이야기

 **어떻게 읽을까요?**

1. 더불어 살아가는 데 있어 관용이 얼마나 중요한 것인지 생각하며 읽어요.
2. 꿀벌들의 이야기를 통해 관용의 태도와 마음에 대해 되돌아보아요.
3. 생활 속에서 관용을 실천하기 위해 어떤 노력을 할 수 있는지 다시 생각하며 읽어요.

 **어떤 내용일까요?**

벌집이 시끌벅적, 그야말로 벌집을 쑤셔 놓은 것 같습니다. 꿀벌 한 마리가 아무도 모르게 들어와 자리를 차지했기 때문입니다. 여러 가지 걱정과 좁아진 공간 때문에 꿀벌들은 화가 났습니다. 꿀벌들은 조사단을 꾸려 침입자를 찾기 시작합니다. 그 벌을 도대체 어떻게 찾아낼 수 있을까? 또 그 벌을 찾으면 과연 어떻게 해야 할까?

 **미리 맛보기** 마음을 열어요

1 꿀벌에 대해 아는 것과 알고 싶은 것을 생각나는 대로 써 보아요.

아는 것	알고 싶은 것
예) 벌침을 가지고 있다.	예) 꿀벌들은 어떻게 꿀을 모을까?

2 지금 자신이 살고 있는 집이 어떻다고 생각하나요? 우리 집의 좋은 점과 불편한 점을 자유롭게 써 보아요.

좋은 점	
불편한 점	

3 다음 시를 읽고, 물음에 답하여 보세요.

얼굴이 까만
나영이 엄마는
필리핀 사람이고

알림장도 읽지 못하는
준희 엄마는
베트남에서 왔고

김치 못 먹어 쩔쩔매는
영호 아저씨 각시는
몽골에서 시집와

길에서 마주쳐도
시장에서 만나도
말이 안 통해
그냥 웃고만 지나간다.

이러다가
우리 동네 사람들 속에
어울리지 못하면 어쩌나?

그래도 할머닌
걱정 말래

아가시나무도
달맞이꽃도
개망초도
다 다른
먼 곳에서 왔지만
해마다 어울려 꽃피운다고

〈출처 : 정진숙 동시집, 〈아무도 모르는 일〉 중에서〉

1 이 시에 어울리는 제목을 붙여 보고, 그렇게 생각한 까닭도 써 보아요.

내가 생각한 제목	
그렇게 생각한 까닭	

2 시인은 읽는 이에게 무엇을 말하고 싶어서 이 시를 썼을까요?

3 내 주변에도 서로 다른 곳에서 온 다문화 사람들이 있다면 소개해 보아요.

 **차근차근 맛보기** 　내용을 이해해요

1 '우리가 살고 있는 집은 왜 비좁아졌을까'에 대한 문제를 조사한 조사관 꿀벌들이 내린 결론은 무엇이었나요?

------

2 벌들은 조사관 꿀벌들의 조사 결과 발표를 듣고 믿을 수 없다는 표정으로 웅성거립니다. 벌들이 웅성거리며 말한 것에는 ○ 말하지 않은 것에는 X를 해보세요.

"이민 온 벌일지도 몰라."	
"아마도 외국에서 온 벌일 거야."	
"우리 벌집에 꿀벌 한 마리가 더 있습니다!"	
"우리가 열심히 만들어 놓은 꿀을 먹고 있을 거야."	
"분명히 어딘가 우리 눈에 보이지 않는 곳에서 지저분하게 씻지도 않고 자고 먹고 하고 있을 거야."	

3 수벌과 일벌은 자기들의 공간을 빼앗고 있는 벌이 누군지 찾으며 화를 내고 씩씩댑니다. 수벌과 일벌이 걱정한 것은 무엇인지 빈 칸을 채워 보아요.

수벌 : 아마 우리 벌집보다 더 작은 벌집에서 왔을 거야.
　　　　우리한테 (　　　)이라도 옮기면 어떻게 하지?

일벌 : 어쩌면 꿀 공장에서 내 (　　　　)를 빼앗아 버릴지도 몰라.

4 침입자 벌을 찾기 위해 수학자 벌, 변호사 벌, 탐정 벌, 언어학자 벌은 어떤 제안을 했나요? 그리고 각각의 제안은 왜 큰 호응을 얻지 못했을까요?

	제안	큰 호응을 얻지 못한 까닭
수학자 벌		
변호사 벌		
탐정 벌		
언어학자 벌		

5 여왕벌은 벌 국민에게 어떤 제안을 했나요? 그리고 그 제안에 벌들은 어떤 반응을 보였나요?

여왕벌의 제안	
벌 국민의 반응	

 다양한 맛 즐기기   넓고 깊게 생각해요

1 「벌집이 너무 좁아!」 이야기에 나오는 꿀벌들처럼 어떤 문제를 해결하기 위해 가족끼리 모여서 이야기를 나누어 본 적이 있나요? 있다면 그 경험을 써 보고, 없다면 가족끼리 모여서 함께 해결하고 싶은 문제를 써 보아요.

| 있다 · 없다
(O 표시) | |

2 꿀벌들은 그 어떤 동물들보다도 협동을 아주 잘 합니다. 여러분도 협동의 대가인 꿀벌처럼 어떤 일을 해내기 위해 다른 사람들과 역할을 나누고 힘을 합쳐 본 적이 있을 거예요. 이 때 여러분은 상대방과 의견이 다르거나 부딪쳐서 힘들었나요? 아니면 너그러운 마음으로 상대방을 인정하였나요?

• (협동해 본 경험)

• (그 때 어땠나요?)

관용 • 111

3 여왕벌은 사랑하는 벌 국민의 '리더'로서, 점점 거세지는 벌집 안의 소란과 동요를 잠재우기 위해 나섭니다. 그리고는 관용의 마음으로 벌 국민을 설득하고 문제를 해결합니다. 여러분은 '리더'란 어떤 사람이어야 한다고 생각하나요?

> 예) 다른 사람들의 말에 귀를 기울이고 들어줄 줄 알아야 한다. 그 이유는…….

4 아래 글을 읽고 물음에 답해 보아요.

> 최근 미국 어류·야생동물관리국(USFWS)은 "머리 부분에 노란빛을 띠는 미국 하와이 토종 꿀벌 7개 종을 절멸 위기종 보호법에 따라 보호해야 할 종으로 결정했다"고 밝혔습니다. 우리나라에서도 2010년 국내 토종벌의 약 90%가 병들어 죽어 멸종 위기를 겪기도 했습니다. 그리고 벌과 관련해서 세계적인 과학자 아인슈타인은 '꿀벌이 사라진다면 인류는 4년 안에 멸종할 것'이라고 말했습니다.

만약에 다양한 꿀벌이 지구상에서 사라진다면 우리는 어떻게 될까요? 그리고 꿀벌의 이야기처럼 다문화 사람들이 우리나라에서 사라진다면 우리는 어떻게 될까요?

다양한 꿀벌이 지구상에서 사라진다면	
다문화 사람들이 우리나라에서 사라진다면	

5 미국 최초의 흑인 대통령으로 당선된 오바마는 아래 글처럼 다른 대통령들과는 다르게 다문화 가족이란 독특한 출신 배경을 가지고 있습니다.

　오바마의 아버지는 케냐 출신의 흑인이고, 어머니는 미국 캔자스 출신의 백인이에요. 그런데 아버지가 케냐 사람이라고 해서 오바마 대통령을 미국 사람이 아니라고 생각하는 미국인은 없어요. 프랑스의 사르코지 대통령의 경우도 마찬가지예요. 아버지는 터키인이고 어머니는 유대계 그리스인 가문 출신이지요.

　이렇듯 오바마와 사르코지가 미국과 프랑스에서 대통령으로 당선된 것처럼 과연 우리나라에서도 다문화 가족 출신의 대통령이 탄생할 수 있을까요? 여러분은 다문화 가족 출신의 대통령에 대해 어떻게 생각하나요?

6 나중에 커서 어른이 되었을 때 내 가족이나 친척, 친한 친구가 외국인과 결혼한다고 하면 어떤 생각이 들 것 같나요?

7 아래 글을 읽고 물음에 답해 보아요.

히잡은 이슬람 여성들이 외출할 때 머리와 목을 가리기 위해 쓰는 베일이고, 부르카는 이슬람 여성들이 머리부터 발목까지 온몸을 가리기 위해 입는 통옷입니다. 여성들은 어디서 무엇을 하든 히잡이나 부르카를 입고 있습니다. 외국에 나가서도 같은 차림을 하고 다닙니다. 이슬람 여성의 중요한 징표이기 때문이에요. 그런데 이렇게 몸을 가리는 히잡이나 부르카를 유럽의 여러 나라에서는 금지하고 있습니다. 하지만 우리나라에서는 이것을 금지하지 않고 있지요.

히잡

부르카

우리 이웃집에 히잡이나 부르카를 쓴 아줌마가 산다고 생각해 봅시다. 동네에서 길을 가다가 이 아줌마와 마주치면 어떤 느낌이 들 것 같나요? 이런 모습을 있는 그대로 받아들일 수 있겠는지 생각해 보아요.

 **함께 맛 나누기** 독서 토론을 해요

1 꿀벌들은 살고 있는 집이 비좁아져 여러 가지 불편을 겪게 되자, 새로운 꿀벌 침입자가 누구인지 찾습니다. 만약 그 새로운 꿀벌을 찾게 된다면 용서해야 할지, 벌을 주어야 할지 근거를 들어 자기 생각을 써 보아요.

찬성 : 용서해야 한다.

근거 1)

근거 2)

근거 3)

반대 : 벌을 주어야 한다.

근거 1)

근거 2)

근거 3)

2️⃣ 벌 국민은 처음엔 서로의 불만을 이야기하며 침입자를 찾겠다고 나서지만, 나중엔 방 하나를 더 만들자는 여왕벌의 말에 "좋아요!!"라고 답하며 또 하나의 꿀벌을 위한 예쁜 방을 만듭니다. 여러분은 이러한 벌 국민의 태도에 대해 어떻게 생각하나요?

나의 생각 (✓ 표시)	그렇게 생각한 까닭
공감한다. ( )	
공감하기 어렵다. ( )	

> **tip** "공감"은 '다른 사람이 생각하고, 말하고, 느끼는 것과 같은 입장이 되어 그것을 받아들이는 일'을 뜻합니다.

3. 여왕벌은 벌 국민에게 침입자를 찾는 대신 그 시간에 모두 힘을 모아 벌집에 방 하나를 더 만들자고 제안합니다. 여러분은 이러한 여왕벌의 제안이 바람직하다고 생각하나요? 근거를 들어 자신의 주장을 이야기해보아요.

대상도서	벌집이 너무 좁아!	
주제	여왕벌의 제안은 바람직하다.	
주장	찬성	반대
	여왕벌의 제안은 바람직하다.	여왕벌의 제안은 바람직하지 않다.
주장의 이유		
주장의 근거		
예상되는 반론 및 예상 반론 꺾기		
정리		

* 부록1)을 참고해 주세요.

관용 • 117

 **쓱싹 쓱싹 요리하기**　　재미있는 독서 글을 써요

1 다음 신문기사를 읽고 물음에 답해 보아요.

다문화 어린이 합창단 초청 쇄도…
광복절 때 '일본 어린이 있다'며 행사 취소도

　서울 다문화가정 협의회가 자랑하는 프로그램 중 하나는 '광진 다문화 합창단'이다. 7개국 35명의 초등생들이 모여 합창 연습을 하고 공연까지 이어가고 있다. 이젠 국가 행사에도 초대되는 합창단이 됐다.
　이재홍 협의회장은 합창단 활동을 통해 소극적이었던 아이들이 긍정적으로 변하게 된다고 강조했다. 그는 "조금은 삐딱한 모습을 보이던 아이들도 분명 있죠. 하지만 계속 합창단 활동을 하면 아이들은 변합니다"고 말했다.
　하지만 좋은 일만 있었던 건 아니었다. 공연이 행사 현장에서 취소가 된 경우도 있었다.
　이 회장은 "2, 3년 전쯤 광복절 행사에 애국가를 불러달라는 부탁을 받은 적이 있어요. 행사장에 가서 공연을 준비하려는데 갑자기 취소하겠다고 하더군요. 다문화가정 아이들 중에 일본인이 있다는 게 이유였어요. 과거의 아픈 기억을 잊어선 안 되지만 아이들은 도대체 무슨 죄입니까"
　그런 와중에도 합창단은 왕성한 활동을 이어가고 있다. 합창단에서 졸업한 아이들이 모여 중창단을 꾸리기도 했다. 이어서 어머니들의 합창단 모임도 생겨났다.

〈출처 : 스카이데일리 2016. 07. 16〉

1-1 광진 다문화 합창단은 몇 년 전 광복절 행사에 애국가를 불러다는 부탁을 받고 행사장에 가서 공연을 준비하려는데 갑자기 공연이 취소당한 적이 있습니다. 다문화가정 아이들 중에 일본인이 있다는 게 이유였다고 하는데요. 여러분은 이렇게 공연이 취소된 것은 누구의 문제가 가장 크다고 생각하는지 보기에서 선택하고, 왜 그렇게 생각하는지 글로 써 보아요.

> **보기** 공연을 부탁하고 행사를 추진한 사람, 다문화가정 아이(일본인), 서울 다문화가정 협의회장, 공연을 취소시킨 행사 관리자, 그 외

1-2 만약 여러분이 광진 다문화 합창단 어린이 중 한 명이라면 이러한 상황에서 어떻게 할지 생각해 보아요. 공연이 취소된 것을 용서하고 너그러운 마음으로 받아들일 수 있을까요? 아니면 어떨까요? 나의 생각을 글로 자유롭게 써 보아요.

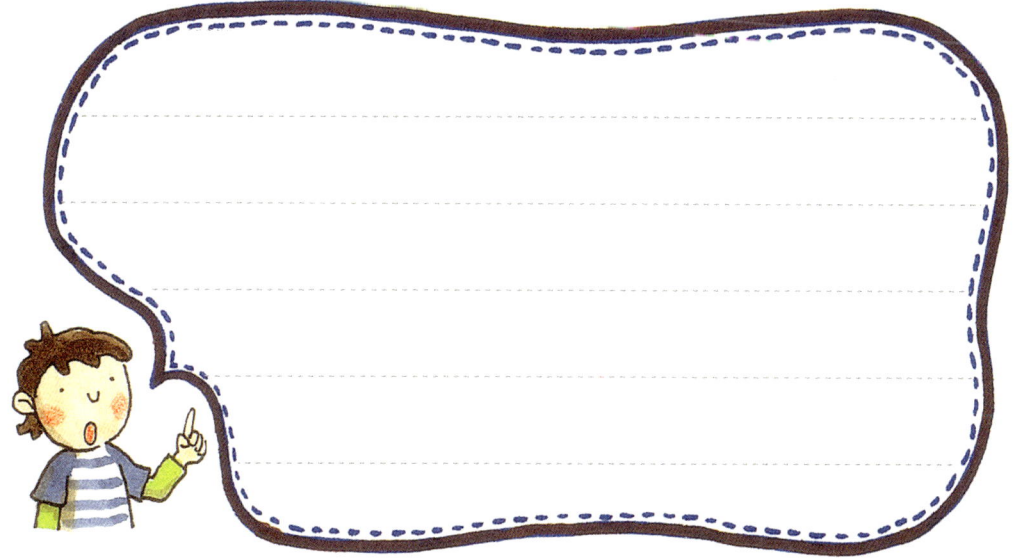

관용 • 119

2 다음 신문기사를 읽고 물음에 답해 보아요.

냄새나는 한국의 인종차별

"더러운 XX", "너 어디서 왔어, 이 냄새나는 XX야."

2009년 7월, 서울 시내의 어느 버스에서 인도인 후세인 씨가 옆에 있던 30대 초반의 검은 양복을 입은 남자 승객에게 들은 말이었습니다. 후세인 씨는 인도에서 온 대학교수였습니다. 그 한국인 승객은 영어로 욕을 하며 계속 시비를 걸었어요. 후세인 씨의 옆에 있던 여자 동료에게도 "새까만 외국 놈과 사귄다."며 욕했습니다. 두 사람은 더 이상 참지 못하고 그 승객을 검찰에 고소했어요. 후세인은 사건 이후에 그 한국인 승객이 심하게 처벌받는 것을 원치 않는다고 했어요. 인종차별이 지금 이 순간에도 누군가에게 일어나고 있다는 것을 한국 사람들이 더 많이 알아주길 바랄 뿐이라고 했지요. 법원은 이 승객이 후세인 씨에게 인종차별적인 말로 모욕을 준 것에 대해 벌금을 선고했습니다.

〈출처 : 한겨레21 제773호 2009. 08. 13〉

2-1 여러분이 실제로 사람이 많이 다니는 유럽의 어느 도시에서 버스를 탔다고 상상해 봅시다. 만약 어느 유럽 사람이 여러분을 가리키며 아시아인이 버스에 타니 "더럽고 냄새 난다."라고 말하면 기분이 어떨까요? 또 이런 상황에서 어떻게 대처할 수 있을까요?

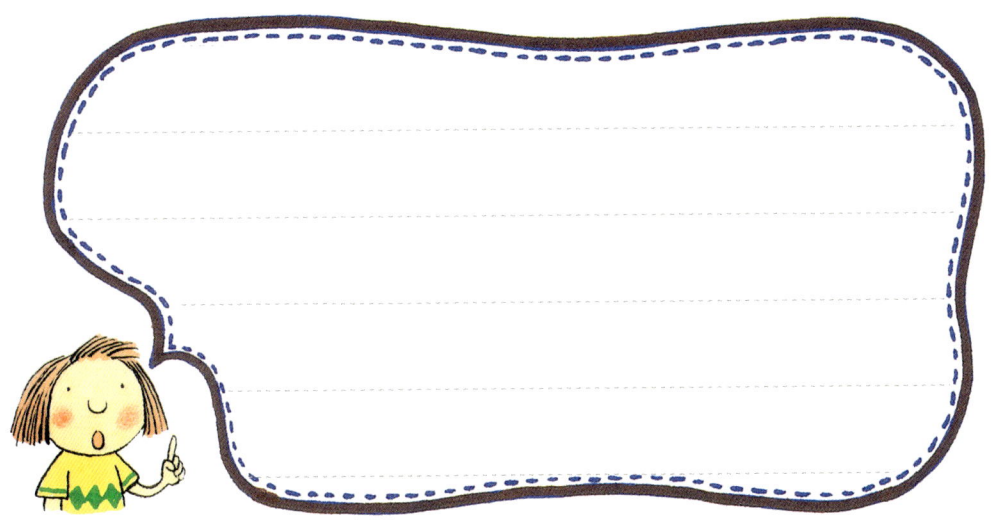

2-2 만약 여러분이 법원의 판사라면 이 승객에게 어떤 말을 해주고 싶나요? 그리고 여러분이 후세인 씨의 입장이라면 이 승객에게 관용을 베풀 수 있을 것 같나요?

내가 만약 법원의 판사라면	
내가 만약 후세인 씨의 입장이라면	

2. '관용'을 위한 두 번째 책을 만나요

관련 핵심역량

자기관리 역량, 심미적 감성 역량,
의사소통 역량, 공동체 역량

신동일 글 / 윤문영 그림 / 가문비 어린이

 어떻게 읽을까요?

1. 주인공인 엄마와 준호, 다른 가족 구성원의 마음을 헤아리며 읽어 보아요.
2. 다문화가정의 소통과 화해를 위해 무엇이 필요한지 생각하며 읽어요.
3. 내가 이 동화 속의 등장인물이라면 어떤 방법으로 관용을 베풀 수 있을지 생각하며 읽어 보아요.

 어떤 내용일까요?

　준호의 엄마는 베트남인입니다. 준호 반에는 준호처럼 다문화 가정의 어린이가 13명이나 됩니다. 한국 부모들은 자신의 자녀들이 다문화 가정의 아이들과 함께 공부하는 것에 강한 불만을 가집니다. 이러한 불만은 자연히 차별로 이어지고, 마침내 서로에 대해 심한 욕설로 낙서를 하고 마는데……. 다문화 가정의 아이들은 학교와 사회에 잘 적응할 수 있을까?

미리 맛보기  마음을 열어요

1 여러분은 '튀기'라는 말을 들어 본 적이 있나요? '다문화'와 관련지어서 이 말이 어떤 뜻일지 생각해서 써 보아요. 그리고 각자 생각한 뜻을 이용해 짧은 문장을 만들어 보아요.

- (내가 생각한 뜻)

- (문장 만들기)

2 여러분은 친구 사이에 문제가 생겨 화가 날 때 어떻게 하나요? 그리고 실제로 친구가 놀려서 화가 나 심하게 다툰 경험이 있나요?

난 화가 날 때 이렇게 해요!	
친구가 놀려서 다툰 경험	

관용 • 123

3 우리 반 교실 게시판에 낙서판을 만들어둔다면 여러분은 학급의 친구들을 떠올리면서 어떤 낙서를 하고 싶나요? 아래 빈 공간에 자유롭게 낙서를 해 보아요. (단, 욕설이나 비난의 말 등은 쓰지 않도록 해요)

4 우리 학급에 만약 다문화 친구가 전학 온다면 어떤 질문을 해보고 싶나요?

5 여러분은 지금까지 만난 선생님 중에서 특별히 기억에 남는 선생님이 있나요? 그리고 그 선생님과 관련된 어떤 비밀이 있나요? 있다면 지난 추억을 떠올리며 솔직하게 글을 써 보아요.

 **차근차근 맛보기** 내용을 이해해요

1. 다음은 이 책에 나오는 베트남 말입니다. 책의 내용을 떠올리며 우리말과 바르게 연결 지어 보아요.

갑 옹 털 브이 과 •	• 엄마, 안녕하세요?
털 븍 민 •	• 늘 친절해서 고마워
매, 씬 짜오 바! •	• 너희들을 만나서 기뻐
안 털 뜨 떼 과 깜 언 안 •	• 화가 치밀어 못 견디겠다

2. 연아 누나는 이야기 초반 부분에서 자기네 집이 '연방 공화국'이라고 짜증을 내면서 어른들에게 대들기까지 합니다. 연아 누나는 왜 가족에 대해 말할 때 '연방 공화국'이라는 표현을 썼나요?

3. 준호는 학급 당번일이 되어 학교에 서둘러 갑니다. 그런데 원래 당번 짝인 채은이는 보이지 않고 뜻밖에도 '깜둥이'라고 놀림을 받는 재숙이가 교실에 있습니다. 준호의 당번 짝은 왜 바뀌었나요?

4 비 누나는 다문화 축제 때 무대에서 '내 사랑 베트남'이라는 시를 낭송합니다. 그리고 발표가 끝난 자리에서 모두가 비 누나에게 베트남에 가지 말라고 붙잡지만 비 누나는 결국 떠나기로 합니다. 비 누나가 운동장을 향해 학생들에게 말하는 아래의 장면을 읽고 무슨 생각이 들었나요?

> 저는 속상하면 찾아갈 나라가 있어요. 그렇지만 아직도 괴롭힘을 당해도 피해갈 곳 없는 다문화 가정의 아이들이 너무도 많이 있어요. 그 애들에게 잘해 주세요. 고맙습니다. 안녕히 계세요. (95쪽)

5 할아버지는 비 누나의 시험지를 보고는 '부끄러웠다'고 솔직히 말합니다. 여기서 할아버지는 비 누나의 시험지를 보면서 무엇을 깨달았나요?

6 여러분은 이 이야기에 나오는 여러 캐릭터 중에서 어떤 캐릭터가 가장 인상 깊은가요? 보기에서 하나를 고르고, 선택한 까닭도 함께 써 보아요.

보기 할아버지   엄마   준호   연아 누나   엄정신 선생님   기타

인상 깊은 캐릭터	선택한 까닭

다양한 맛 즐기기   넓고 깊게 생각해요

1 엄 선생님은 방과 후 아이들이 돌아간 후 준호와 동채를 불러 "난 이상하게 너희들이 쓴 낙서를 생각하면 힘이 난단다. 악한 것을 이길 수 있는 힘은 이해와 용서뿐이거든. 그러니 힘을 내렴!"이라고 말합니다. 여러분은 엄 선생님이 말한 "<u>악한 것을 이길 수 있는 힘은 이해와 용서뿐</u>"이라는 말에 대해 어떻게 생각하나요?

---

2 여러분이 초등학교 선생님이 되었다고 상상해 봅시다. 만약 여러분 교실에서 아이들이 다문화가정 친구를 자꾸 놀려서 큰 다툼이 벌어졌다면 여러분은 이 상황을 어떻게 해결할 건가요? 그리고 다툼을 일으킨 학생들에게 어떤 말을 해주고 싶나요?

해결 방법	
해주고 싶은 말	

관용 • 127

3 요즈음 우리 주변에서도 다문화가정을 심심찮게 볼 수 있습니다. 그런데 이러한 다문화가정의 아이들을 이상한 눈으로 바라보거나 괴롭히는 친구들이 더러 있습니다. 다음의 질문에 대해 생각해보고 답해 보아요.

3-1 여러분은 그런 친구들에 대해 듣거나 본 경험이 있나요?

3-2 그 친구들은 어떤 마음으로, 무엇 때문에 다문화가정 친구를 괴롭히는 걸까요?

3-3 내가 만약 다문화가정 아이의 입장이 되어 괴롭힘을 당한다면 어떤 마음이 들 것 같나요?

3-4 여러분은 다문화가정 친구를 못살게 구는 친구들을 어떻게 해야 한다고 생각하나요?

4 엄 선생님은 담임 선생님으로서 하는 마지막 학급 행사로 '사과의 날' 행사를 합니다. 둘(2)이 서로 사(4)과하고 화해한다는 의미로 11월 24일을 기념하는 날인데요. 여러분은 최근에 누군가를 섭섭하게 하거나 누군가에게 미안한 적이 있나요? 그 때의 일을 떠올리며 즉흥 사과 편지를 써 보아요.

5 매년 11월 16일은 유네스코(UNESCO)가 지정한 '세계 관용의 날'입니다. 관용을 평화로운 세계를 만들기 위한 하나의 키워드로 삼고 기념하는 것입니다. 하지만, 오늘날 대한민국을 사는 사람들은 그동안 지나친 경쟁 속에 살아가던 일상으로부터 받던 스트레스는 물론, 하루가 멀다 하고 터져 나오는 각종 사건과 사고를 접하며 관용을 이야기할 여유가 많지 않다고들 합니다. 그런데 관용을 이야기할 때 종종 등장하는 질문이 있습니다. "참을 수 없는 것을 참아야 하는가?"라는 질문입니다. 여러분은 이 질문에 어떻게 답하겠습니까?

6 아래 글을 읽고 물음에 답해 보아요.

> 2016년 9월에 발표된 자료에 따르면 싱가포르가 2년 연속 '외국인이 살기 좋은 나라' 1위에 선정됐다고 합니다. 홍콩상하이은행(HSBC)이 실시한 '2016 해외거주자 의식 조사'에서 싱가포르는 금융 소득과 취업기회, 삶의 질, 안전성, 가족 친화적 환경 등 주요 지표에서 골고루 좋은 점수를 얻으면서 2년 연속 '외국인이 살기 좋은 나라' 1위에 올랐습니다. 반면 한국은 '외국인이 살기 좋은 나라' 36위를 차지했습니다. 이는 베트남(19위)이나 인도(26위), 말레이시아(28위), 남아프리카공화국(33위), 중국(34위) 보다 낮은 순위입니다.

왜 우리나라는 '외국인이 살기 좋은 나라' 순위에서 동남아시아 국가보다 낮은 36위를 차지했을까요? 까닭을 들어 자신의 생각을 써 보아요.

_____
_____
_____
_____

7 헬렌 켈러는 "교육이 거둘 수 있는 최고의 성과는 관용이다."라는 유명한 말을 남겼습니다. 지금까지의 얘기를 통해 여러분은 관용이 무엇이라 생각하나요? '관용'에 대해 여러 면에서 생각해보고 문장 만들기를 해 보아요.

"관용이란… _____ "

왜냐하면 _____ 때문이다.

 **함께 맛 나누기** 독서 토론을 해요

1 준호네 학교에서는 학부모들의 건의 사항으로 교무실에서 선생님들의 회의가 열립니다. 이 때 반을 나누자는 의견에 대해 담임 선생님과 엄정신 선생님 사이에 의견 충돌이 크게 일어납니다. 여러분은 담임 선생님과 엄정신 선생님 중에서 어느 쪽 입장이 더 설득력 있다고 생각하나요? 양쪽의 입장에서 두루 생각해보고 적절한 근거를 들어 자신의 생각을 표현해 보아요.

담임 선생님 입장 : 반을 나누는 것도 괜찮다.

근거 1)

근거 2)

근거 3)

엄정신 선생님 입장 : 옳지 않은 건의는 처음부터 접수하지 말아야 한다.

근거 1)

근거 2)

근거 3)

2 「베트남에서 온 우리 엄마」의 주요 등장인물인 준호와 엄 선생님 사이에는 말할 수 없는 비밀이 있습니다. 이야기 차례 중에서 '비밀'(70~83쪽) 부분을 다시 읽고 질문을 만들어 상대방과 함께 하브루타를 해 봅시다.

〈질문 만들기〉

예) 준호와 엄 선생님 사이의 비밀은 무엇일까요?

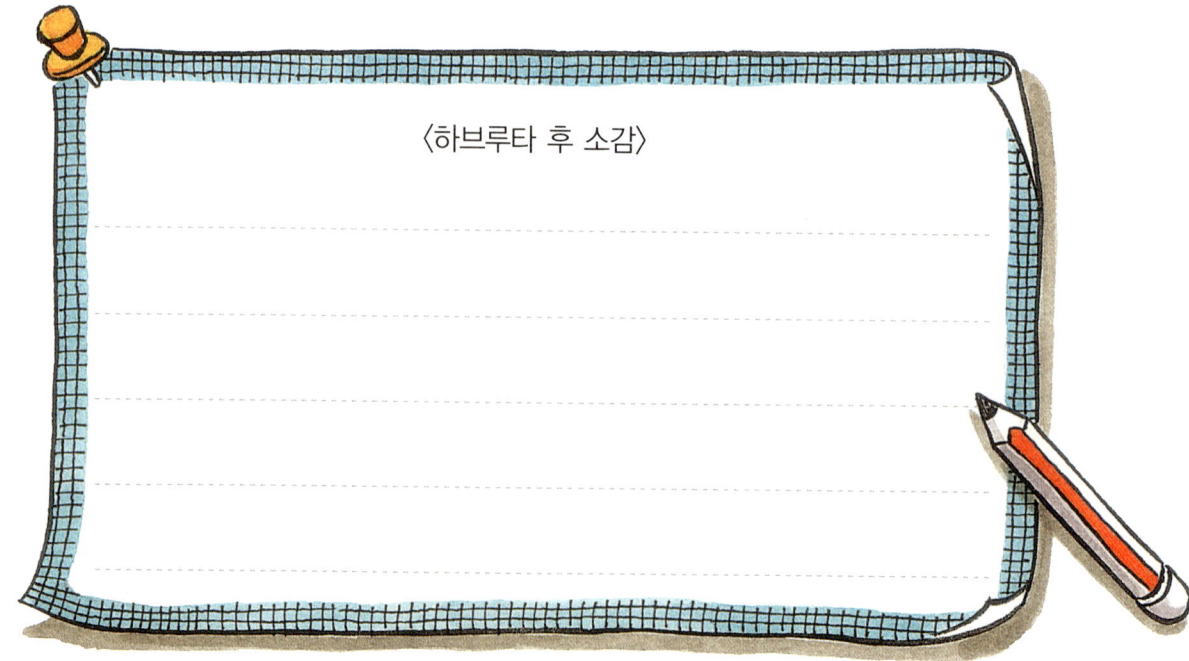

〈하브루타 후 소감〉

tip '하브루타'란, 짝을 지어 대화하고, 질문하고, 토론하고, 논쟁하는 것을 말합니다. 친구, 부모님, 형제자매 등과 함께 짝을 지어 하브루타를 해 보아요.

3 준호는 엄 선생님을 실망시키고 싶지 않아 시험지에 쓴 낙서를 지우려다 들키고 맙니다. 이 때 엄 선생님은 준호의 낙서 시험지 사건을 해결하기 위해 거짓말을 하게 되고 준호와 함께 비밀을 지킬 것을 약속합니다. 여러분은 엄 선생님이 한 거짓말에 대해 어떻게 생각하나요? 교차질의식 독서토론을 해 보세요.

대상도서	베트남에서 온 우리 엄마	
주제	선의의 거짓말은 해도 된다.	
주장	찬성	반대
	선의의 거짓말은 해도 된다.	선의의 거짓말이라도 거짓말은 해서는 안 된다.
주장의 이유		
주장의 근거		
예상되는 반론 및 예상 반론 꺾기		
정리		

* 부록1)을 참고해 주세요.

 **쓱싹 쓱싹 요리하기** 재미있는 독서 글을 써요

1 다음 뉴스 기사를 보고 물음에 답해 보아요.

다문화 동네 경기 안산 '국경 없는 마을'… "차별·갈등? 우린 없어요."

"환잉다오워먼서취라이(歡迎到我們社去來·우리 동네로 놀러 오세요)."

경기 안산시 원곡동에 위치한 '국경 없는 마을'은 들어서자마자 이국적인 향을 풍기는 외국 식당이 즐비하다. 식당 간판에서 중국어 베트남어 인도네시아어 등이 쉽게 눈에 띈다. 평일이지만 이곳엔 다양한 국적의 이주노동자들이 모여 북새통을 이뤘다.

국경 없는 마을은 2009년 외국인특구로 지정된 이후 주말마다 5만여 명의 외국인이 찾는다. 원곡동에 거주하는 이○○ 씨는 "휴일이면 내국인과 외국인이 이곳을 방문하는 등 지방 경제에 큰 도움이 된다"고 말했다. 아울러 내국인과 외국인이 거리낌 없이 어울리는 모습을 곳곳에서 찾을 수 있었다.

이주노동자 대부분은 안산 지역 공단에 소재한 100명 미만의 중소기업에 근무하고 있는 저소득 근로자들이다. 그렇지만 한국인이 이주노동자에 대해 갖고 있는 일부 편견과는 달리 이 마을에 사는 내국인들은 외국인들의 거주를 오히려 반기는 분위기였다.

이 지역 경찰 관계자는 "외부에서 흔히 보이는 외국인 폭력이나 범죄 등은 좀처럼 찾아볼 수 없는 편"이라며 "경찰들도 외국인들과 곧잘 어울리며 치안 걱정을 덜하는 편"이라고 밝혔다.

〈출처 : 매일경제 2012. 4. 18〉

1-1 안산 '국경 없는 마을'이 처음부터 차별과 갈등을 겪지 않고 평화롭게 지낸 것은 아닙니다. 이곳이 차별과 갈등이 없게 되기까지 안산 시민들과 다문화 사람들은 서로 어떤 노력들을 했을까요?

1-2 만약 여러분이 안산 '국경 없는 마을'에 가족과 함께 놀러 갔다고 상상해 봅시다. 그런데 그 곳에서 어느 나라 사람인지 모를 누군가에게 소매치기를 당해서 가지고 있던 돈을 모두 잃게 생겼다가 주변의 도움으로 범인을 붙잡았습니다. 여러분은 이 소매치기 범인을 어떻게 할 것인가요?

1-3 안산 '국경 없는 마을' 외에도 전국의 여러 곳에 다문화 거리 또는 다문화 동네가 있습니다. 이러한 다문화 지역이 또 어디에 있는지 찾아보아요.

2 다음 신문 기사를 읽고 물음에 답해 보아요.

엄연한 한국인 불구 여전한 사회적 편견

'다문화시대-다양성이 존중되는 제주 만들기 프로젝트'

 제주지역 다문화 가정(이하 이주민 가정)이 지난 2008년 이후 지속적으로 증가해 총 1만 2888명(3939가구, 결혼이민자·혼인귀화자·중도입국자녀·출생자 포함)에 이르고 있다. 우리 사회가 점차 다문화 사회로 진입하고 있다는 것을 보여주고 있는 것이다.
 하지만 막상 현장에서는 이들을 위한 정책이 빠른 변화의 속도를 따라가지 못하면서 이주민 가정들이 여전히 인권의 사각지대에서 신음하고 있다는 목소리가 나온다. 특히 결혼 이민자의 대부분을 차지하고 있는 여성들에게 경제 활동, 자녀 교육, 사회적 편견이라는 '벽'은 아직도 높고 깨뜨리기 힘든 존재였다.
 새로운 문화에 대한 배경지식이 거의 없는 상태에서 결혼 후 한국에 와 겪게 되는 문제들은 여성들에게 심각한 스트레스로 작용하기도 했다.
 제주시 다문화가족지원센터 김정우 센터장은 "결혼 초기 낯선 한국문화에 스트레스를 받아 태교에 집중하지 못하면서 장애아를 낳는 경우가 많아지는 것도 사실"이라며 "언어에 서툰 이주여성들이 임신 초기 스트레스를 받지 않고 태교를 할 수 있도록 지원해야 한다"고 강조했다.
 언제부턴가 '다문화'의 의미는 여러 문화가 섞여 살아가는 문화 다양성이 아닌 아시아계 결혼이민자 가족을 통칭하는 말로 변질되기 시작했다.
 현재 제주시다문화센터에서 상담 업무를 맡고 있는 수부하드라(36·7년 차 네팔 혼인귀화자)씨는 "실제로 다문화센터의 상담 내용들은 대부분 언어 문제와 다른 문화 차이에서 발생하는 오해에서 시작된다"며 "그 나라의 문화를 먼저 알고 외국 사람과 결혼을 하는 것이 좋다고 생각한다"고 말했다.
 그러면서 "'다문화'라는 의미를 다시 세울 필요가 있다"며 "다문화 가족에 대한 처우가 좋아지고는 있지만, 한국 사람과 외국 사람이 결혼한 것을 다문화라고 생각하는 그 인식이 바뀌지 않는 한 다문화 가족의 피해는 줄지 않을 것"이라고 힘줘 말했다.

〈출처 : 제주매일(http://www.jejumaeil.net) 2016. 11. 13〉

2-1 통계청 국가통계포털(2016년 9월 7일 기준)에 따르면 국내 총 결혼이민자 14만 3206명 중 11만 8281명(혼인귀화자 제외)이 여성으로 82% 이상을 차지하고 있다고 합니다. 제주의 경우도 결혼이민자 총 2112명 중 여성이 1816명이나 됩니다. 만약 여러분이 제주도에 여행을 갔거나 그곳에 살게 되었을 때 이러한 결혼이주여성을 만나거나 보게 된다면 이들을 어떻게 대해야 한다고 생각하나요?

2-2 제주시다문화센터의 상담 내용들은 대부분 언어 문제와 다른 문화 차이에서 발생하는 오해에서 시작된다고 신문 기사는 전합니다. 여러분과 다른 문화를 가진 사람들이 여러분에게 어떤 피해를 끼쳤을 때 그 문제를 어떻게 해결하는 게 좋을까요?

2-3 여러분이 제주도에 사는 다문화가정의 자녀라고 상상해 봅시다. 만약 학교에서 언어 문제나 문화의 차이로 실수를 했을 때 다른 친구들이 여러분을 어떻게 대해주었으면 좋겠나요?

후식을 즐겨요

1 '관용' 이야기를 더 알아보아요.

피부색에 놀림받고 태권도 심사 못받고…이주아동 차별

불법체류자 신분인 부모의 자녀 등 한국 국적을 취득하지 못한 이주아동들이 학업이나 학교생활, 또래 관계 등에서 여전히 불이익을 받는다는 조사 결과가 나왔다.

피부가 검다는 이유로 학교에서 친구들에게 놀림당하고, 한국인과 다른 외모 때문에 또래 집단에서 소외와 차별을 겪는 이주아동도 적지 않았다.

이들은 한국어가 서툴러 학교생활에 적응하고 또래와 어울리는 데 어려움을 많이 겪는 것으로 나타났다. 한국어를 사용하지 못하는 이주아동이 돌발 행동으로 교내 폭행 사건에 연루된 사례도 있었다.

한 어린이는 한국에 와서 친구들과 함께 열심히 태권도를 배웠다. 그러나 무국적 상태의 미등록 이주아동이라는 이유로 국기원으로부터 승품 심사 참여 자격 제한 통보를 받고 마음에 큰 상처를 입었다.

선천성 뇌성마비 판정을 받아 치료와 돌봄이 필요한데도 현행법상 장애인 진단을 받지 못해 애를 먹는 사례도 확인됐다. 집안 형편이 어려워 체육복 등 학교생활에 필요한 물품을 사지 못할 정도로 사정이 좋지 않은 아동 사례도 나왔다.

이주자 출신 첫 국회의원인 새누리당 이자스민 의원에 따르면 부모가 불법체류자라는 이유로 출생 등록조차 못한 소위 '그림자 아이'도 1만~2만 명에 달한다.

〈출처 : 세계일보 2015. 11. 14〉

※ 지금도 어디에선가 차별받고 있을 이주아동의 마음을 헤아려보고 그 친구에게 관용과 포용의 마음을 담아 편지를 써 보아요.

2 다양한 매체를 더 만나보아요.

익숙한 세상을 떠나 낯선 한국 땅으로 온 외국인들이 바라본 한국의 모습과 그 속에서 소통하기 위해 노력하는 과정 속에서 우리 사회의 이면을 들여다보고 그들과의 진정한 교감을 시도하는 신개념 리얼리티 프로그램. 서로 다름을 어떻게 인정해나가고 풀어나가는지 엿볼 수 있습니다.

〈TV 방송〉 이웃집 찰스(KBS1)

한 가족이라는 테두리 안에서 서로의 존재를 제대로 인정하지 못하고 갈등하고 있는 다문화 가정의 고부갈등 해소를 위한 '역지사지(易地思之) 힐링 여행기. 서로를 너그럽게 이해하고 용서하는 관용의 마음이 얼마나 중요하고 필요한지 생각해볼 수 있습니다.

〈TV 방송〉 다문화 고부 열전(EBS1)

– 5분의 짧은 시간 동안
'지식'을 다루는 생활 프로그램 –

1부. 우리는 서울에 산다
2부. 모자이크 프로젝트
3부. 어느 독학생들

지식채널e 다문화시리즈 3부작 (EBS1)

※ 제시된 다문화 관련 TV 프로그램 중 하나를 선택해서 보고 싶은 부분을 시청하고 난 후 지금의 다문화 사회에서 우리가 관용과 포용의 아름다운 모습을 만들어가기 위해 함께 실천할 수 있는 일을 생각하여 써 보아요.

나의 실천 다짐

'관용'이란,
상대방과 의견이 다르거나 부딪칠 때
너그러운 마음으로 상대방을 인정하고,
때로는 상대방의 잘못까지도 진심으로 용서해 주는 것

'포용'이란,
다른 사람을 아량 있고 너그럽게 감싸 받아들이는 것으로,
차이를 인정하는 가운데 나와 다른 의견과 문화, 방식을 받아들이는 것

- 내가 선택한 프로그램 :

- 시청 소감

(실천 1)

(실천 2)

(실천 3)

3 이런 책들도 함께 읽으면 좋아요.

다름과 차이에서 비롯하는 사회적 긴장과 갈등까지도 조화로운 민주사회의 바탕이 되게 하는 힘이 무엇인지, '관용과 신뢰'라는 주제를 통해서 살펴봅니다. 다름과 차이, 미움과 거짓, 긴장과 갈등까지도 하나로 아울러 조화를 이루는 것이 따뜻한 민주사회의 밑거름임을, 누구든 공감할 만한 열 가지 에피소드를 통해 소개하고 있습니다.

관용·신뢰한다는 것 / 박혜원 지음 / 장수하늘소

2011년 노르웨이의 우토야 섬에서 벌어진 극단적인 혐오 테러로 충격을 받은 작가가 만든 그림책입니다. 아이들도 혐오에서 안전하지 못한 세상을 만든 어른의 책임감을 느낀 작가는 혐오에 대응하는 관용의 가치를 말합니다.
〈넌 누구야?〉는 사람은 물론 동물, 사회, 국가들이 서로 다르지만 함께 살아가는 세상살이 법을 그려냅니다. 더불어 사는 세상에서 필요한 너그러움 혹은 아량이라고 말하는 '관용'의 필요성에 관한 그림책입니다.

넌 누구야? / 페르닐라 스탈펠트 지음 / 시금치

정이는 일본인인 엄마가 들려주는 옛이야기 중 주먹밥 할아버지 이야기를 가장 좋아합니다. 정이는 주먹밥 할아버지의 이야기를 들으며, 한국에도 그와 비슷한 혹부리 영감 이야기가 있음을 엄마에게 알려줍니다. 비슷한 두 이야기를 통하여, 일본과 한국의 문화에 대해 서로 비교해 볼 수 있는 이야기책입니다.

일본의 주먹밥 할아버지와 혹부리 영감 / 김민선 지음 / 정인출판사

다문화가정 아이들이 낯선 환경에서 글쓰기를 통해 '나에게도 좋은 점이 많다'는 것을 깨달아가는 이야기입니다. 〈나 좋은 점 가득〉에서는 아이들이 다문화 가정으로 살아간다는 것은 힘들지만, 그 가운데에서도 좋은 점이 있다고 말하는 아이들을 만날 수 있습니다.

이 책을 읽으며 우리 모두 다문화가정의 일원이 될 수 있고 다른 나라의 언어를 배우고 학교에 다니기가 쉽지 않다는 것을 깨닫게 됩니다.

나 좋은 점 가득 / 요시모토 유키오 지음 / 꿈터

몽골에서 온 어머니를 둔 수찬이는 가족들과 함께 선사유적지로 나들이를 갑니다. 선사시대의 원시인과 움막을 구경하고 식당에서 점심을 먹다 스르르 잠든 수찬이는 꿈속에서 몽골의 한 남자와 일곱 아들을 만나게 됩니다. 아버지와 일곱 아들은 함께 벽을 세우고, 문을 만들고, 천창을 올리면서 '게르'를 만듭니다. 그러나 아버지가 세상을 떠나게 되자, 형제들은 아버지가 물려준 게르를 나누어 가지고 뿔뿔이 흩어지게 되는데…….

몽골의 게르와 선사움막 / 김민선 지음 / 정인출판사

베트남 다문화 가정 2세 민이는 초등학교 3학년입니다. 한국아이와 다를 바 없는 외모에 공부도 잘해서 친구들 하고도 잘 지냅니다. 친구들은 민이가 다문화 가정 아이인지 모릅니다. 그런데 우연히 학교에서 민이가 다문화 가정 아이라는 사실이 밝혀지면서 이상한 일들이 벌어집니다.

낯선 일들에 적응하기 힘들던 민이의 반에는 또 다른 다문화 가정 아이인 준호가 전학을 옵니다. 민이와 달리, 누가 봐도 외국인처럼 생긴 준호에게는 민이와 차원이 다른 불편한 일들이 벌어집니다. 민이는 이 모습을 지켜보며 무언가 잘못되었음을 느끼게 되는데….

다문화 친구 민이가 뿔났다 / 한화주 지음 / 팜파스

무엇을 먹을까요?

상호 협력

1. 다문화 속 '상호협력'에 대해 알아보아요.

'다문화+어린이+마을' 협력의 공간, 다문화어린이마을도서관 '모두'

 서울 동대문구 이문동에 있는 '모두'는 다문화어린이마을도서관입니다. 다양한 나라의 어머니를 둔 어린이들, 어른들이 독서, 교육 프로그램, 동아리 모임으로 서로 소통합니다.

 이문동을 시작으로 모두는 현재 전국에 일곱 곳이 있습니다. 창원, 부산, 구미, 대구, 충주, 그리고 제일 나중으로 안산에 개관한 것이 2011년. 하지만 기업의 지속적인 후원이 어려워지면서 전국의 모두 도서관들은 각자 생존을 모색해야 합니다. 이문동 '모두'는 사회복지공동모금을 통한 기업 후원금과 일반 후원금으로 운영하고 있습니다.

 '모두'는 다문화도서관이자 어린이도서관, 그리고 마을도서관입니다. 모두에는 어린이와 어른들을 위한 프로그램, 동아리들이 있습니다. '이주여성들을 위한 한국어 교류' 수업은 매주 월요일과 수요일 두 시간 동안 열립니다. 이 수업을 통해 다양한 문화적 배경을 가진 이주여성들이 만나고 서로 친해집니다. 수업하는 동안 아이 돌봄 어머니들이 아이들을 맡아 줍니다.

 한국어가 부족한 다문화가정 아이들을 위해 도서관에서는 '1:1 책친구'라는 프로그램도 운영하고 있습니다. 한국인 자원봉사자가 일대일로 짝을 이뤄 함께 책도 읽고 문화도 가르쳐 주는 프로그램입니다. 책으로 정확한 한국어 문장을 익히고, 독후 활동으로 자기 표현 훈련을 하는 것입니다.

 이렇게 서로 이해하며 협력하는 관계로, 함께 사는 사회로 가기 위해 이러한 도서관의 역할은 참으로 중요하고 다문화 사회에 꼭 필요할 것입니다.

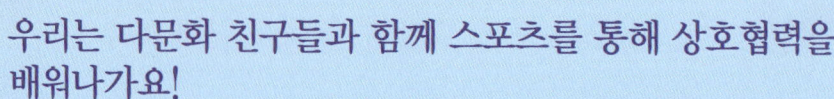

우리는 다문화 친구들과 함께 스포츠를 통해 상호협력을 배워나가요!

이야기 하나, 무지개리틀야구단!

지난 2012년 창단한 고양 허구연 무지개리틀야구단은 고양시에 거주하는 다문화 어린이 30여명이 5월부터 10월까지 5개월여 동안 격주로 모여 야구를 즐기고 스포츠를 통한 배려와 협력의 의미를 배웁니다. 무지개리틀야구단 소속 선수들의 어머니 모국은 10여 개국. 일본, 중국, 베트남, 우즈베키스탄 등입니다.

초등학생인 위○○학생의 어머니 도○○○씨(일본)는 "무지개야구단 선수로 활동하며 아들의 태도나 표정이 많이 밝아졌다"며 "주위 친구들과 어울리는 데 많이 서툴렀는데 이제는 적극적으로 변했다"고 말하면서 무지개리틀야구단에서의 활동을 자랑하기 바쁩니다.

허구연 위원장도 "경험과 소통을 통해 협력, 희생, 배려의 가치를 배우는 것 같아 뿌듯하다"며 무지개리틀야구단에 애틋한 사랑을 표현합니다.

이야기 둘, 다문화 어린이 축구교실!

전남 광양경찰서는 2016년 10월 중동 근린공원 축구연습장에서 전 나이지리아 국가대표 선수 모세스를 초청, 다문화 어린이 축구교실을 개최했습니다. 초청된 모세스 선수는 "다문화가정 아이들과 일반 어린이들이 축구를 통해 함께 팀워크를 이루면서 서로에 대한 편견을 극복하는 계기가 된 것 같다"며 "앞으로 함께 다문화가정 자녀의 밝은 미래를 위해 봉사하며, 축구에 대한 재능기부를 하겠다"고 말했다고 합니다.

이렇듯, 스포츠의 힘은 큽니다. 서로를 하나 되게 하는 협력의 기운을 불어넣어줍니다. 우리들도 다문화 친구들과 함께 스포츠를 통해 협력을 배워나가는 멋진 친구가 되길 바랍니다.

2. 다문화 사회에서 '상호협력'은 왜 중요할까요?

우리나라 다문화가족 인구는 2016년 기준 82만 명이고, 앞으로도 계속해서 늘어나면서 2020년 기준으로는 약 100만 명이 예상된다고 합니다. 그 중 다문화 2세들은 한국 일반 아이들과 섞여 함께 공부하고 있습니다. 2020년에는 다문화 2세 청소년이 다섯 명 중 한 명꼴이 될 것입니다. 또한 한국에 거주하는 외국인의 수는 2016년에 약 170만 명으로 조사되었는데, 이는 한국 전체 인구의 3.4퍼센트에 해당합니다. 꾸준히 늘어나고 있는 국내 거주 외국인수는 2050년이 되면 900만 명에 이를 것으로 예측하고 있습니다.

이렇게 다양한 사람들이 서로 어울려 살아가야 하는 지금의 시대에 여러분은 이들과 어떻게 지내야 할까요? 미국의 세계적인 사업가이자 자동차의 왕이었던 헨리 포드는 이렇게 말했습니다.

> "같이 모이는 것은 시작을 의미한다.
> 같이 협력해서 일하는 것은 성공을 의미한다."

사람은 혼자서는 살 수 없습니다. 지금 내가 먹고 있는 음식도, 내가 입고 있는 옷도, 내가 살고 있는 집도 어느 것 하나 혼자서 만들어낼 수 없답니다. 서로의 도움을 받아 힘을 합쳐야 이루어낼 수 있습니다. 우리들은 각자 남들과의 관계 속에서 살고 있다는 것을 인정하고 상호협력해야 성공적인 삶을 펼칠 수 있습니다.

여기서 협력은 영어로 'Cooperation'이라고 합니다. 라틴어 어원을 살펴보면 '함께'를 뜻하는 라틴어 'co'와 '일하다'의 의미를 지닌 'opus' 라는 말이 합쳐진 말입니다. 글자 그대로 풀이하면 협력이란 다른 사람들과 함께 일하는 것을 뜻합니다. 〈상호협력〉이라는 말은 여기에 '상호'라는 말이 덧붙여져서 '힘을 합하여 서로 돕는 것'이란 뜻을 가지게 되었습니다. 이렇듯 힘을 합하여 서로 도우면 성공에 이르는 길을 찾게 될 것입니다.

그런데 이러한 다문화 사회에서의 상호협력을 위해서는 중요한 세 가지가 있습니다. 바로 관심, 존중, 배려입니다. 다양한 문화를 가진 사람들에게 긍정적인 관심을 가지고 서로 다른 것에 대해 존중하면서 그들의 입장에서 배려해주어야 상호협력을 이루어낼 수 있습니다.

함께 가야 멀리 갈 수 있고, 서로 관심과 존중, 배려를 가져야만 멀리 가도 힘들지 않습니다. 앞으로 펼쳐질 다문화 시대, 우리 함께 가요!

 **맛있게 읽어요**

1. '상호협력'을 위한 첫 번째 책을 만나요

관련 핵심역량

심미적 감성 역량, 의사소통 역량, 공동체 역량

채인선 글 / 김우선 그림 / 미세기

 **어떻게 읽을까요?**

1. 이웃의 이야기를 통해 '다양성'에 대해 생각하며 읽어요.
2. 이웃은 우리 가족보다 더 큰 가족이며, 다양한 문화를 가진 사람들이 상호협력하며 살아가는 것이 얼마나 중요한 것인지 되돌아보아요.
3. 생활 속에서 상호협력을 실천하기 위해 어떤 노력을 할 수 있는지 다시 생각하며 읽어요.

 **어떤 내용일까요?**

　더 큰 가족, 이웃을 만나는 책! 현대 사회가 되면서 삶의 모습이 다양해지고 있습니다. 가족을 이루는 형태도 다양하고, 주말을 보내는 방법도, 집에서 지키는 규칙도, 부모님의 직업도, 좋아하는 음식도, 집 안 분위기도 모두 다릅니다. 이 책은 이웃들이 살아가는 모습을 보면서, "다양성"을 배우고, 우리 가족 또한 그 다양함의 한 부분이라는 점을 배우는 책입니다. 또한, 이웃끼리 지켜야 하는 배려와 예절을 알려 주면서, 이웃의 의미와 공동체 정신의 중요성을 알려줍니다.

 **마음을 열어요**

1 '베트남', '이웃'이라는 두 낱말을 함께 들으면 어떤 느낌이 드나요? 왜 그런 느낌이 떠오르는지 써 보세요.

2 지금까지 지내오면서 다른 나라 사람들과 만나 잠깐이라도 이야기해보거나 함께 무언가를 해본 적이 있나요? 그 때 겪은 일을 이야기해 보세요.

3 여러분은 이웃들 모두와 사이좋게 지내나요? 내가 싫어하는 이웃이 있으면 왜 그런지 이유를 말해 보세요.

4 어떤 일을 할 때 이웃과 함께 힘을 합하여 서로 도와준 경험이 있나요? 그 때의 경험을 이야기해 보세요.

5 다음 문장을 완성해 보세요.

이웃은 _____ 다.

왜냐하면 _____ 때문이다.

6 나에게 이웃이 없다면 어떤 점이 불편할까요?

7 이웃과 함께 할 수 있는 것에는 무엇이 있을까요? 생각나는 대로 자유롭게 써 보아요.

차근차근 맛보기   내용을 이해해요

1 이 세상은 서로 다른 사람들이 함께 살아갑니다. 그런데 좋아하는 것과 싫어하는 것이 서로 다른 것은 왜 그럴까요?

2 이웃집의 구성원이 우리 집과 다르다고요? 이웃마다 모두 똑같은 가정을 갖고 있지는 않아요. 우리나라에도 다양한 이웃들이 함께 살아가고 있어요. 여러 이웃들의 모습을 살펴보고 해당되는 말을 보기에서 골라 찾아 써 보아요.

| 보기 | 이주 노동자,   국제결혼가정,   새터민,   입양가정 |

효준이 엄마는 베트남 사람이에요. 아빠가 베트남에서 일하실 때 엄마를 만나 결혼하셨죠. 그래서 지금은 한국에서 알콩달콩 살고 있어요.	옆집 아저씨는 캄보디아 사람이에요. 엄마가 그러는데, 그 아저씨는 돈 벌려고 한국에 와 공장에서 일하고 있는 외국인 노동자래요.	우리 반 재희는 말투와 억양이 좀 달라요. 무슨 이유가 있어서인지는 모르겠지만 북한을 탈출해서 우리나라에 살고 있는 거라고 해요.

상호협력 • 151

3 우리나라에 있는 다양한 문화의 사람들은 서로 다른 말을 가지고 있어요. 인사말을 비교해 보면 알 수 있지요. 하지만 상대방을 반기며 두는 마음은 다 똑같아요. 다른 나라의 인사말을 바르게 연결 지어 보아요.

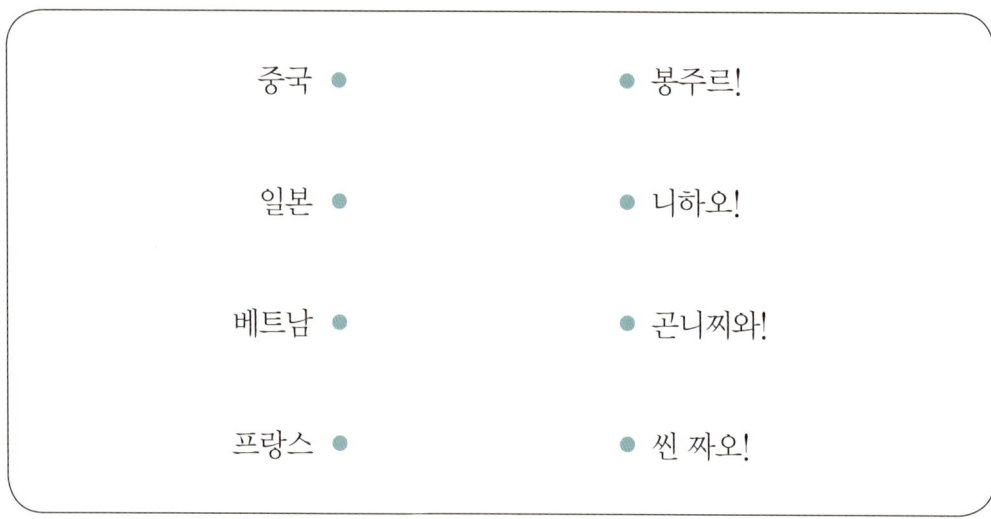

4 다르기 때문에 서로 도움이 되는 것도 있을 수 있어요. 서로 다른 문화를 갖고 살아가는 이웃끼리 어떤 도움을 주고받을 수 있을까요?

5 아는 친구끼리 지켜야 할 예의가 있는 것처럼 이웃끼리도 서로 조심하고 존중해야 할 것이 있어요. 나와 다른 곳에서 온 다문화 이웃이 가까이 있다고 한다면 서로 어떤 것을 조심하고 존중해야 할까요?

 다양한 맛 즐기기 넓고 깊게 생각해요

1 만일 모든 집이 다 똑같은 것을 좋아하고 똑같은 문화를 갖고 있다면 어떨까요? 그것이 더 나을까요? 이에 대한 자신의 생각을 자유롭게 써 보아요.

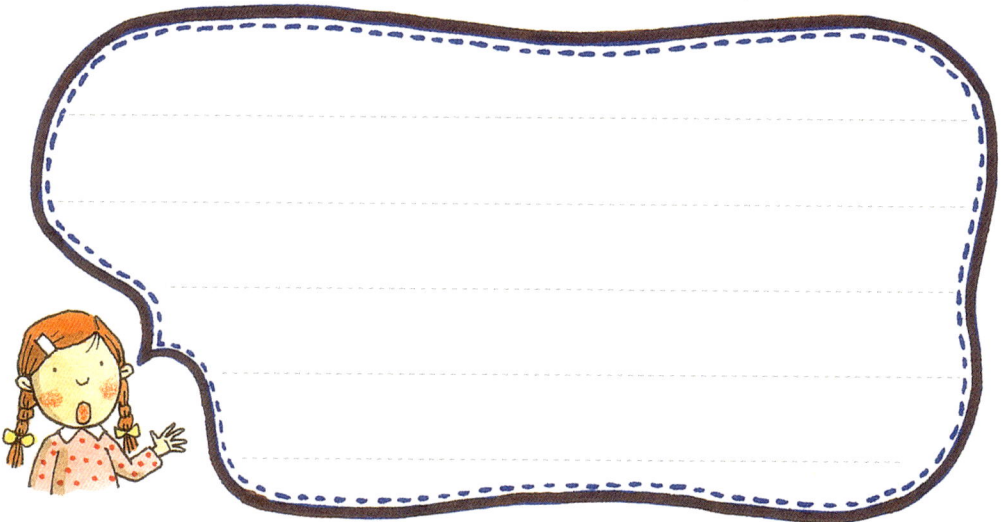

2 필리핀, 우즈베키스탄, 캄보디아 등의 동남아시아에서 온 사람들을 보면 어떤 생각이 드나요? 우리 반에 이곳에서 온 아이가 전학을 와서 나와 짝이 된다면 어떻게 대해 줄 것인지 써 보아요.

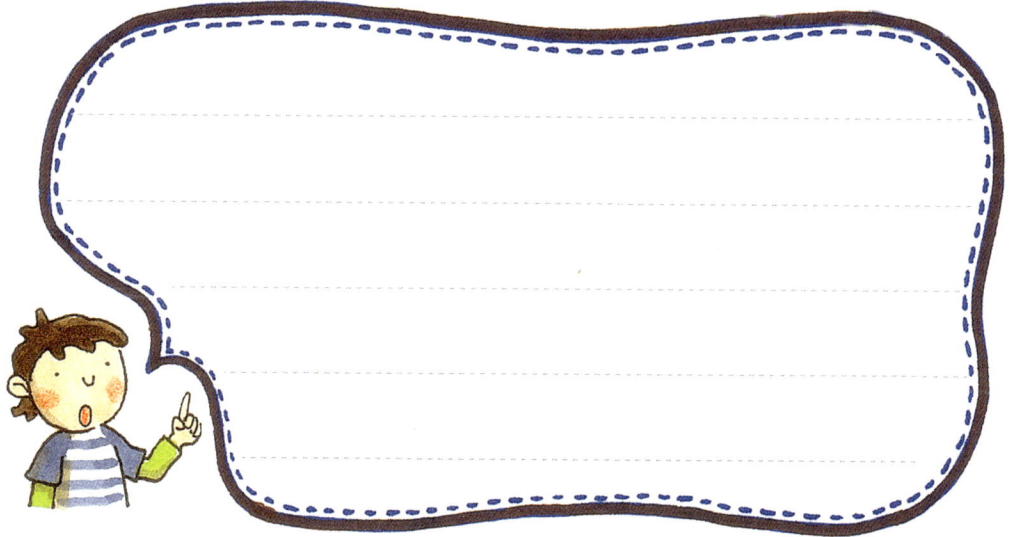

3 내가 살고 있는 마을에서 '다문화가족 이웃사촌 맺기' 활동을 한다고 상상해 봅시다. 여러분이 '다문화가족 이웃사촌 맺기' 활동에 참여하는 일반가족의 아이라면 다문화가족의 아이(동생)를 위해 내가 해 줄 수 있는 일에는 무엇이 있을까요?

> **'다문화가족 이웃사촌 맺기' 활동이란?**
>
> 초등학생 자녀를 둔 일반가족과 5세에서 7세 자녀를 둔 다문화가족이 한 팀으로 서로 짝지어 이웃사촌을 맺고 부모는 부모끼리, 아이는 아이끼리 나누어 함께 만나고 도와주는 활동을 말해요.

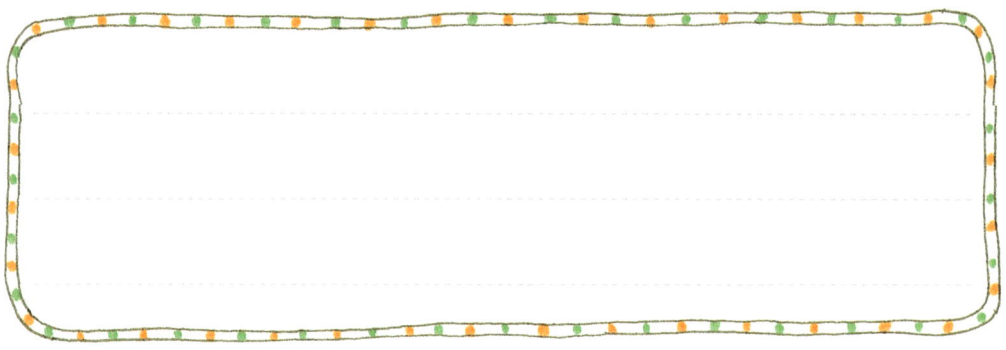

4 우리나라와 다른 나라 사람들 사이에도 예절과 생활 방식에서 다른 점이 많아요. 이를 안다면 좀 더 서로를 도와줄 수 있는 이웃이 될 수 있을 거예요. 내가 알고 있는 우리나라와 다른 나라 사람들 사이의 다른 점(예절, 생활 방식 등)을 찾아 써 보아요.

> **tip** 사람은 어떤 환경에서 살아왔는지에 따라 몸과 마음의 경험이 달라요. 다른 나라들도 자기들만의 독특한 문화가 있어요.

5-1 우리가 다른 나라에 가서 살면 우리 또한 다문화 사람의 입장이 됩니다. 그렇게 되면 어떤 점이 어려울까요?

5-2 다문화 사람들이 우리나라에서 살 때 어려운 점으로는 무엇이 있을까요?

5-3 만약 여러분이 베트남에서 한국으로 온 다문화 가족의 구성원이라면 이웃을 대할 때 어떤 기분이 들 것 같나요?

5-4 다양한 문화를 가진 사람들이 서로 함께 어울려 살아가다 보면 서로 협력해서 어떤 일을 해결해야 할 때가 있을 수 있습니다. 어떤 일을 할 때 서로 협력해서 해결하는 게 좋을 것 같다고 생각하나요?

6 다음 글을 읽고 물음에 답해 보세요.

다문화 이웃과 함께 정을 나눠요!
〈세계요리경연대회〉가 6월 30일 명서전통시장에서 개최!

　창원지역에서 제일 큰 상설 전통시장인 명서전통시장에서 열린 '다문화 이웃과 함께하는 세계 요리대회'가 전통시장의 훈훈한 정을 나누는 시장체험 축제로 자리매김하며 참가자와 시민들의 환한 웃음 속에 마쳤다.
　요리대회 행사에 참가한 팀은 중국, 필리핀, 베트남, 스웨덴, 파키스탄, 몽골등 6개국 출신 다문화 6개팀과 시장상인 및 지역주민들로 이루어진 한국팀 2개팀 총7개국 8개팀이 참가하여 시장에서 장보기를 시작으로 각 팀별로 준비한 출신국가 음식과 조리법으로 본격적인 요리대회가 시작되었다.
　그리고 행사에는 전통시장체험과 요리대회 참가팀을 응원 하러 함께 온 많은 수의 다문화이웃들과 시장상인, 지역주민, 방문고객들로 붐비는 가운데 행사가 열렸다.

〈출처 : 경남신문 2016. 6. 26〉

　여러분이 다문화 이웃과 함께 만드는 세계 요리대회에 나간다면 어떤 음식을 같이 만들어 보고 싶은가요? 전통 음식도 좋고 퓨전 음식도 좋아요. 자유롭게 자신의 생각을 써 보아요.

함께 맛 나누기 독서 토론을 해요

1 우리나라 사람들은 돼지고기를 즐겨 먹는 편이지만, 이슬람교를 믿는 다문화 사람들은 돼지고기를 먹지 않습니다. 이렇듯 사람들은 저마다 좋아하는 것, 싫어하는 것이 다를 수 있습니다. 서로 다르다는 것은 이웃이 되는 데 아무 문제가 없을까요?

나의 입장 (✓ 표시)	그렇게 생각한 까닭
문제가 있을 수 있다. ( )	
아무런 문제가 없다. ( )	
또 다른 생각 ( )	

2 이제는 우리 주변에서도 여러 다문화 가정을 접할 수 있습니다. 가까운 이웃에 있을 수도 있고, 이웃의 이웃으로 만날 수도 있습니다. 그런데 이웃끼리 늘 편하고 좋은 날만 있는 건 아니겠지요. 어떤 불만이 쌓이기도 하고 괜한 오해가 생기기도 합니다. 만약 우리 가족과 이웃인 다문화 가족 사이에 문제가 생기면 어떻게 하는 것이 바람직할까요?

나의 입장 (✓ 표시)	그렇게 생각한 까닭
어느 정도의 불만이나 불편은 참아야 한다. ( )	
바로 해결해야 한다. ( )	
그 외 또 다른 방법 ( )	

3. 우리나라에도 다문화 가정 인구가 해마다 늘어가고 있습니다. 여러 다문화 가정은 식구의 구성원, 하는 일, 규칙, 주말을 보내는 방식 등 많은 부분이 우리와 다릅니다. 이 책에서는 '다르다는 것은 서로 배우고 도울 것이 있다는 것'이라고 합니다. 다르기 때문에 서로에게 도움이 되는 것이 많다는 것인데 여러분은 이것에 대해 어떻게 생각하나요? 교차질의식 독서토론을 해 보세요.

대상도서	이웃의 이웃에는 누가 살지?	
주제	다르기 때문에 서로에게 도움이 되는 것이 많다.	
주장	찬성	반대
	서로에게 도움이 되는 것이 더 많다.	서로에게 도움이 되지 않는 것이 더 많다.
주장의 이유		
주장의 근거		
예상되는 반론 및 예상 반론 꺾기		
정리		

* 부록1)을 참고해 주세요.

 **쓱싹 쓱싹 요리하기**　　재미있는 독서 글을 써요

1 서유럽의 몇몇 나라에서는 다문화와 관련해 대체로 좋지 않은 생각을 갖고 있습니다. 2010년 조사 결과 프랑스인들 중 76%가 "아랍계(중동이나 북아프리카) 이민자들을 이웃으로 두고 싶지 않다"고 말했고, 84%의 독일 국민들이 "아랍인들과 함께 살고 싶지 않다"고 응답했습니다. 여러분은 우리나라에서 "아랍인 이웃"과 함께 사는 것에 대해 어떻게 생각하나요?

〈아랍인에 대해 살짝 알아볼까요?〉

악수를 하거나 음식을 먹을 때 그리고 선물을 주고 받을 때 반드시 오른손만을 사용하고 왼손은 화장실에서 용변 후 씻을 때, 신발을 닦을 때, 그리고 코를 풀 때 사용해요. 그리고 돼지고기나 짐승의 피를 재료로 한 음식은 먹지 않아요. 또 여자나 남자나 반바지 차림이나 노출이 심한 옷은 입지 않는 것이 좋아요. 아랍인들은 몸과 마음을 깨끗이 해야 하는 청결을 아주 중요하게 생각한답니다.

2 다음의 공익광고를 보고 물음에 답해 보세요.

1 위의 광고를 보고 어떤 생각이나 느낌이 드나요?

　

　

2 이제는 다문화 사람들과 함께 어울리면서 힘을 합하여 서로 도와야 할 때입니다. 여러분이 이 광고를 만든 사람이라고 생각하면서 "여기여기붙어라"라는 큰 제목 아래에 있는 광고 문구를 바꾸어 써 보아요.

　

　

상호협력 • 161

3 다음의 다문화 관련 영화 포스터를 보고 물음에 답해 보세요.

영화 〈방가?방가!〉
2010년, 코미디

영화 〈파파〉
2012년, 드라마

영화 〈마이 리틀 히어로〉
2013년, 드라마

1 위의 영화들은 우리 주변에 있는 다문화 이웃들에 관한 이야기입니다. 다문화 관련 영화 포스터를 보면서 궁금하거나 이해되지 않는 것 등을 질문으로 만들어 보아요.

2 1에서 만든 질문에 대해 스스로 예측, 추리, 상상해서 생각해보고 자기 나름의 답을 적어 보아요.

4 다음 글을 읽고 물음에 답하여 보세요.

비정상회담' 정준하 "일본인 아내, 한국어 너무 잘해"

정준하가 일본인 아내의 한국어 실력을 밝혔다. 8월 24일 방송된 JTBC '비정상회담'에서는 다문화를 주제로 토론을 벌였다. 이날 정준하는 "나도 다문화 가정이다"며 일본인 아내와 결혼한 사실을 밝혔다. 전현무는 "일본 여자랑 결혼한 한국 남자랑 이야길 했는데 부부 싸움을 하면 계속 꿍하고 있다더라"며 정준하에게도 그런 어려움이 없는지 물었다.

이에 정준하는 "그런건 없고 아내가 한국말을 너무 잘해서.."라고 운을 뗐다. 이에 전현무가 "그래서 불편하냐"고 묻자 정준하는 "네"라고 바로 대답해 웃음을 자아냈다. 정준하는 "아내가 한국어를 너무 잘하니까 내가 일본어가 안 는다"고 아쉬운 점을 털어놨다.

〈출처 : 뉴스엔미디어 2015. 08. 24〉

만약 여러분이 커서 어른이 되어 정준하와 같은 다문화가족이 된다면 다른 다문화가족에게 어떤 도움을 줄 수 있을까요?

2. '상호협력'을 위한 두 번째 책을 만나요

관련 핵심역량

자기관리 역량, 심미적 감성 역량,
의사소통 역량, 공동체 역량

고정욱 글 / 김희정 그림 / 연인M&B

어떻게 읽을까요?

1. 협동과 협력의 차이를 생각해보고, 더 나아가 상호협력의 의미를 넓게 생각해 보아요.
2. 이야기 속에서 상철이네 가족이 상호협력을 통해 문제를 어떻게 해결해나가는지 살피면서 읽어 보아요.

어떤 내용일까요?

상철이는 필리핀에서 리조트를 운영하는 한국인 아빠와 필리핀인 엄마와 함께 살고 있었습니다. 어느 날 피나투보 화산이 폭발하자 관광객이 끊기고 말았습니다. 결국 아빠는 엄마와 아이들을 데리고 한국으로 건너가기로 결정했는데……. 여러 힘겨운 상황들을 겪게 되지만 끝까지 포기하지 않고 꿈과 희망을 키우며 온 가족이 함께 극복해 가는 과정들이 눈물겨운 감동으로 다가옵니다.

1 여러분은 '롤러코스터' 하면 어떤 것들이 떠오르나요?

2 롤러코스터를 타 본 경험이 있나요? 그 때의 기분은 어땠나요?

3 '필리핀'에 대해 아는 것과 알고 싶은 것을 생각나는 대로 써 보아요.

아는 것	알고 싶은 것
예) 타갈로그어와 영어를 같이 쓴다.	예) 필리핀 사람들이 주로 먹는 음식은?

4 TV 또는 인터넷 동영상 등을 통해 화산이 폭발하는 장면을 본 적이 있을 거예요. 화산 폭발 장면을 보면서 어떤 생각이 들었나요?

5 나보다 어렵고 힘든 상황에 처해 있는 다른 나라 사람을 도와준 경험이 있나요? 있다면 그 경험을 써 보고, 없다면 그 사람을 어떤 방법으로 도와줄 수 있을지 생각해서 써 보아요.

차근차근 맛보기   내용을 이해해요

1 이 작품은 실제 인물인 상철이네 가족의 이야기를 바탕으로 작가의 상상력을 더해 만든 다문화 가족 동화입니다. 이 책을 여러분은 어떻게 읽으셨나요? 별점과 함께 읽은 소감을 써 보아요.

별점 (1점~5점)	☆ ☆ ☆ ☆ ☆
읽은 소감	예) 1점. 실제 이야기여서 더 실감 났고 여러 가지 사건과 사고가 이야기를 흥미롭게 이끌어 간 점이 좋았다. 등

2 이 책은 그림 작가 김희정의 현실감 넘치는 그림을 함께 실어 이야기가 지닌 재미를 북돋웁니다. 여러분이 가장 인상 깊게 본 그림은 어떤 것인가요? 그 그림을 꼽은 이유도 함께 써 보아요.

인상 깊은 그림	예) 가족들이 함께 롤러코스터 타는 그림
그 이유	예) 경제적으로도 어렵고 물난리도 나서 힘들었을 텐데 가족들이 함께 롤러코스터를 타면서 스트레스를 풀고 희망을 이어나가는 장면이 마음에 들어서

3 상철이는 필리핀 학교에서 피나투보 산으로 트래킹을 갑니다. 그 곳에서 갑작스런 화산 폭발로 큰 위험에 처합니다. 이 때 선생님과 친구들은 위험한 상황에서 어떻게 행동하고 대처했나요?

4 피나투보 화산 폭발 이후에 상철이네 가족은 어려운 결정을 내리게 됩니다. 상철이네 가족은 대화를 통해 어떤 어려운 결정을 내리나요?

5 상철이네 가족은 큰아버지 댁과 할아버지 댁에 머물게 되면서 여러 가지 어려움을 겪게 됩니다. 각각 어떤 어려움을 겪게 되나요?

큰아버지 댁에서의 어려움	
할아버지 댁에서의 어려움	

6 상철이는 큰아버지 댁에서 할아버지 댁으로 이사 간 후 몇 달이 지나 학교를 옮기게 됩니다. 전학 간 학교에서 상철이에게 어떤 문제가 생기나요?

7 상철이네 가족은 주변의 도움으로 큰 어려움을 이겨내고 놀이공원에 함께 갑니다. 그 곳에서 아빠는 아이들과 롤러코스터를 같이 타며 "살다 보면 인생은 이렇게 롤러코스터란다. 올라갈 때가 있으면 내려갈 때가 있단다. 내려갈 땐 또 올라갈 때를 기다려야 해."라고 말합니다. 이 말은 무슨 뜻이 담겨 있다고 생각하나요?

다양한 맛 즐기기 넓고 깊게 생각해요

1 어떤 일을 하다가 힘들고 하기 싫어져서 그만두었던 적이 있나요? 이처럼 하던 일이나 하려던 일을 도중에 그만두는 것을 '포기'라고 해요. 여러분은 언제 포기하고 싶은 마음이 들었는지 이유와 함께 경험을 써 보아요.

_____

_____

_____

2 여러분은 어떠한 상황에서 포기하지 않고 인내와 의지를 발휘하여 문제를 해결해 본 경험이 있나요? 그 때의 경험을 솔직하고 자세하게 써 보아요.

_____

_____

> **tip** '포기'에 대해 이야기 할 때 이외 관련되는 낱말로 '인내'와 '의지'를 종종 이야기합니다. **인내**는 힘들고 어려운 일을 참고 견디는 것을 말하고, **의지**는 어떤 일을 이루고자 하는 마음을 뜻합니다.

3 상철이의 아빠는 어려운 결정을 내리며 "이건 로마의 시이저가 루비콘 강을 건너가는 거나 마찬가지"라고 말합니다. 여러분들도 살면서 한 번쯤은 이처럼 어려운 결정을 내려 본 적이 있을 것입니다. 그 때의 어려운 결정이 무엇이었으며, 결정하기 어려웠던 이유는 무엇인지 써 보아요.

어려웠던 결정	
어려웠던 이유	

4 상철이네 가족은 다문화가족지원센터의 도움을 받아 어려움을 조금씩 헤쳐 나갑니다. 내가 살고 있는 지역의 다문화가족지원센터가 어디에 있는지 찾아보고, 그곳에서 함께 사는 세상을 위해 어떤 일을 하는지 구체적으로 찾아 써 보아요.

> tip '다문화가족지원센터'는 다문화가족이 안정적인 가정생활을 할 수 있도록 도와주는 기관으로 전국에 217개 센터에서 한국어교육, 가족교육·상담·문화 프로그램 등을 제공합니다.

5 엄마 줄리안은 다문화가족지원센터에서 만난 아네스 아줌마의 소개로 지갑 만드는 공장에서 일을 하게 됩니다. 그런데 지갑 공장 사장은 직장에서 엄마가 외국인이라고 아무렇지도 않게 반말로 말을 합니다. 실제로 한국에 거주하는 외국인 근로자들도 이런 무시와 차별을 종종 겪고 있습니다. 만약 여러분이 공장 사장이라면 더 나은 사회를 만들기 위해 어떤 노력을 기울일 수 있다고 생각하나요?

6 다음 뉴스 기사를 읽고 물음에 답해 보아요.

이자스민 아들 군대 간다… 군에도 '다문화 바람'

이자스민 전 의원은 2014년 이주아동 권리보장기본법안을 발의해 엄청난 항의와 비난에 시달렸다. 그 가운데 하나가 '너희는 군대도 안 가면서 왜 권리만 찾느냐'는 것이었다.

하지만 이는 내용을 정확히 모르는 상황에서의 '묻지마 안티'였다. 2010년 병역법이 개정되면서 이듬해부터 다문화가정 출신도 피부색에 상관없이 한국 국적의 남성이면 똑같이 병역 의무를 지고 있기 때문이다. 이전에는 '외관상 명백한 혼혈인'은 제2국민역으로 편성해 현역이나 보충역 징집 대상에서 제외했다.

"그때 다문화가정 출신도 의무복무 대상이 되길 잘했다는 생각이 들더군요. 다문화가정을 배려하려는 취지는 고맙지만 자꾸 구분하려고 하면 소외감을 주고 역차별 논란도 불러일으킬 수 있습니다. 사회의 동등한 구성원으로 대하는 게 중요합니다."

국방부는 현재 1천여 명의 다문화가정 청년이 현역병으로 근무하고 있는 것으로 추산한다. 당사자가 부모의 출신국을 밝히지 않으면 다문화 병사인지 알기 어려운 경우가 많고, 이를 부대별로 조사하면 신상이 드러날 우려가 있으므로 정확한 통계는 내지 않고 있다.

2014년 육군 소대 전투병에 다문화가정 출신이 처음 선발된 데 이어 이듬해 4월 최전방 GOP 소대에 투입됐으며, 지난해 8월에는 다문화 후보생 3명이 육군 특수전교육단 특전부사관으로 임관해 눈길을 끌기도 했다.

국방부는 2025년부터 2031년 사이에는 연평균 8천518명의 다문화가정 출신 장정이 입대할 것으로 추정하고 있다.

〈출처 : 연합뉴스 2016. 8. 28〉

여러분은 이 뉴스기사를 보고 어떤 생각과 느낌이 드나요?

7 이야기의 마지막 부분에서 상철이 아빠는 아이들에게 롤러코스터 이야기를 꺼내며 "힘들고 어려운 일이 있으면 꼭 좋은 일이 있다는 희망을 버리면 절대 안 돼!"라고 말합니다. 여러분도 '사는 건 정말 롤러코스터 같다'는 느낌을 받아본 적 있나요? 있다면 그 때의 느낌을 잘 살려 경험을 써 보고, 그런 경험이 없다면 롤러코스터 같은 인생을 산 다른 다문화 가족의 이야기를 찾아 써 보아요.

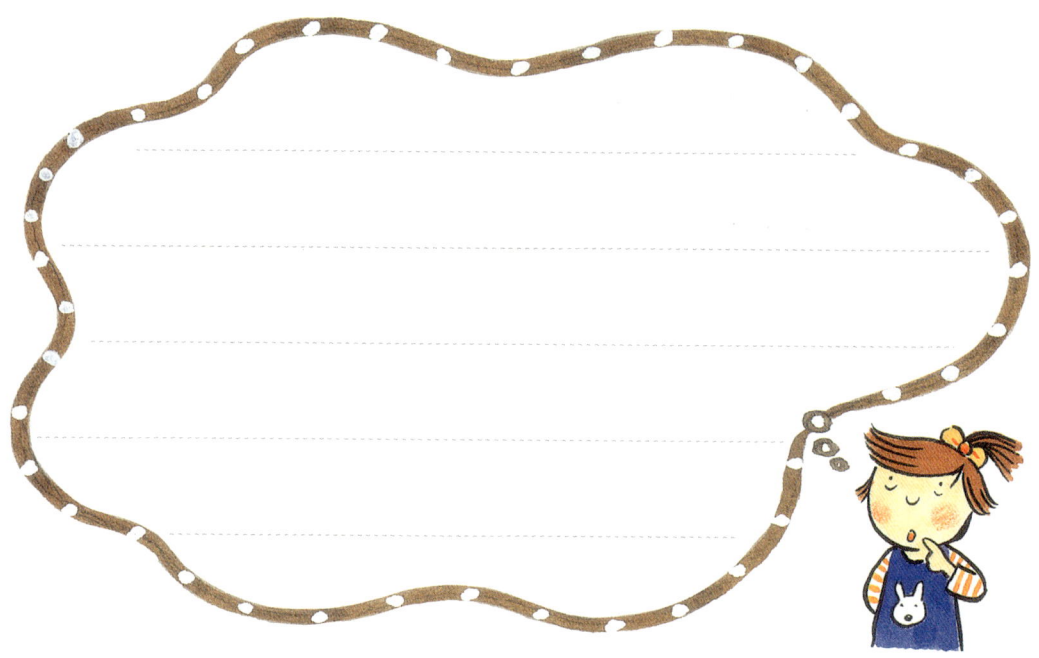

8 「포기하지마! 롤러코스터」 이야기에 나오는 것처럼 우리 가족이 다른 다문화 가족과 함께 한 집에서 살게 된다면 어떨까요? 실제 상황이라고 가정하고 어떤 일들이 벌어질지 상상하여 써 보아요.

 **함께 맛 나누기** 독서 토론을 해요

1 상철이네 가족은 아빠의 리조트 사업이 큰 어려움에 빠지자 어느 날 밤 아이들을 재워 놓고 엄마와 진지하게 이야기를 나눕니다. 아래의 대화는 아빠와 엄마의 대화 장면 중 일부입니다. 이러한 아빠의 말에 대해 여러분은 어떻게 생각하나요?

> "응, 이대로 필리핀 사람으로 우리 아이들을 살게 할 수는 없어. 한국 사람이 되게 해야 해. 한국은 선진국으로 부쩍부쩍 발전하고 있어. 앞으로 한국 사람이 되어야만 전 세계 어디든 다니면서 자유롭게 활동할 수 있으니까."
> 아빠는 이제 앞으로의 살 궁리를 해야 했습니다.
> "하긴, 그래요. 필리핀 사람들보다 한국 사람들은 월급을 열 배 이상 받아요."
>
> (28-29쪽)

나의 입장 (✓ 표시)	그렇게 생각한 까닭
공감한다. ( )	
공감하기 어렵다. ( )	

▶ tip "공감"은 '다른 사람이 생각하고, 말하고, 느끼는 것과 같은 입장이 되어 그것을 받아들이는 일'을 뜻합니다.

2 상철이네 가족은 피나투보 화산 폭발 이후로 경제적 어려움에 처해 한국에 가기로 어려운 결정을 내립니다. 여러분이 상철이의 입장이라면 한국으로 갈 건가요? 가지 않을 건가요? 여러 가지 면에서 두루 생각해보고 하나의 입장을 선택해 자기 생각을 써 보아요.

찬성 : 한국으로 가는 것이 더 현명하다.

근거 1)

근거 2)

근거 3)

반대 : 한국으로 가지 않는 것이 더 현명하다.

근거 1)

근거 2)

근거 3)

tip "현명하다"는 말은 "(사람이나 그 언행이) 지혜롭고 사리에 밝다"는 뜻입니다.

3 어려운 결정 끝에 한국에 간 상철이네 가족은 할아버지 댁에 도착하고서 비참한 상황에 빠지고 맙니다. 여러 가지 사정이 있었지만 할아버지는 이러한 사실을 상철이 아빠에게 말하지 않았던 것입니다. 여러분은 이러한 할아버지의 행동과 태도에 대해 어떻게 생각하나요? 교차질의식 독서토론을 해 보세요.

대상도서	포기하지마! 롤러코스터	
주제	(사정을 아빠에게 말하지 않은) 할아버지의 행동은 바람직하다.	
	찬성	반대
주장	할아버지의 행동은 바람직하다.	할아버지의 행동은 바람직하지 않다.
주장의 이유		
주장의 근거		
예상되는 반론 및 예상 반론 꺾기		
정리		

* 부록1)을 참고해 주세요.

 **쓱싹 쓱싹 요리하기**   재미있는 독서 글을 써요

1 다음의 신문 기사를 읽고 물음에 답해 보아요.

다문화가정 어려움 돕는 베트남 결혼이주여성
– 여성새로일하기센터 이○○ 씨 –

이○○(30) 씨는 베트남 출신으로 2006년 한국에 온 결혼이주여성이다. 현재 영천 여성새로일하기센터에서 취업설계사로 근무 중이며 주로 결혼이주여성들의 취업을 돕고 있다.

이 씨는 2009년 '긴급전화 1366'으로 영천경찰서와 인연이 된 이후, 지금까지 계속 베트남어 통역요원으로 봉사활동을 하고 있다고 한다. 사건이 있을 때마다 직접 연락이 오는데, 베트남 다문화가정의 부부갈등, 의사소통 문제들이 주를 이룬다는 설명이다.

이 씨는 "다문화가정에서 일어나는 가정문제는 가정폭력이 가장 많으며, 부부갈등(아이교육문제 등), 시부모님과의 갈등 등이 많이 발생된다. 보통 가정폭력은 자정 전후로 많이 발생하는데 그때 경찰관으로부터 전화를 받는다. 심각하지 않은 경우에는 전화상으로 3자 통화를 하여 통역으로 도움을 주고, 사태가 심각한 경우에는 경찰관과 동행하여 직접 문제의 가정으로 찾아가서 도움을 준다."고 말했다.

그녀는 "영천 관내에 있는 다문화가정의 상당수가 이혼을 했거나, 부인이 자기의 나라로 떠나버린 상황으로 편부 슬하에서 아이들이 자라고 있다. 이러한 환경의 아이들은 웃음을 잃어버린 것처럼 어두워 보인다. 이 아이들에게 따뜻한 보살핌을 주지 않는다면 점점 사회로부터 소외될 지도 모른다"며 염려했다. 그녀는 매일 아침 딸을 등교시킬 때 인근에 살고 있는 어려운 아이들을 같이 등교시키며 챙겨주고 있다고 한다. 영천 시민이자 대한민국 국민인 이○○ 씨는 낮에는 자신의 꿈을 위해 대학에서 학문을 쌓고, 밤에는 영천 다문화가정의 평화를 지키고 있는 에너지 넘치고, 세련되고 따뜻한 영천의 커리어 우먼이다.

〈출처: 영천시민신문 2016. 9. 6〉

1-1 위 신문 기사의 주인공인 이○○ 씨는 밑줄 친 부분의 말처럼 다문화 아이들에 대해 걱정합니다. 이러한 환경의 아이들을 위해 우리가 할 수 있는 일에는 어떤 것들이 있을까요?

1-2 다문화 아이들은 한국말도 잘 모르고 우리나라 문화에 익숙하지도 않아 커다란 어려움을 겪고 있습니다. 우리와 다르게 생겼다는 이유로 이들을 놀리는 친구들 또한 많다고 합니다. 학교에서 이 친구들과 서로 협력하며 즐겁게 생활하기 위해서는 어떤 마음가짐이 필요할까요?

1-3 우리는 종종 다문화가정을 보며 '어려운 처지에 있는 다문화가정을 도와야 한다'는 생각을 많이 하는 편입니다. 이와는 반대로 학교에서 다문화에 대해 배울 때 여러분은 다문화 친구에게 어떤 도움을 받을 수 있을지 써 보아요.

1 다음의 신문 기사를 읽고 물음에 답해 보아요.

"여기부터가 중국 땅입니다"…가리봉동을 가다

"조선족 어울려 산 지 벌써 20년"…붉은 간판이 어지러운 이색지대

서울 가리봉동은 영등포구 대림동, 금천구 가산동 등과 함께 서울 내 중국 동포가 가장 많이 사는 지역으로 꼽힌다. 서울연구원에 따르면 2015년 3월 기준 구로구에 사는 3만1529명의 등록 외국인 중 중국인(한국계 포함)은 2만9931명으로 가장 많았다. 미등록 외국인(불법체류자)까지 고려하면 그 수는 훨씬 늘어날 것으로 보인다.

가리봉종합시장(옌볜시장)은 이들의 문화를 가장 직접적이고 다양하게 체험할 수 있는 곳이다. 시장 삼거리부터 남구로역 앞 오거리까지 수백미터에 걸쳐 '조선족거리'를 형성하고 있다.

또한 인근 학교들은 다른 곳보다 중국 동포 자녀 비율이 높다. 영등포구의 한 초등학교는 전체 학생의 40%가량이 동포 자녀였다. 서울시교육청은 이 지역 초등학교를 특성화 학교로 바꿔 '한·중 이중언어 국제초교'로 만드는 사업을 추진 중이다. 국제학교를 설립해 중국 동포와 내국인의 공존을 모색한다는 취지다.

취재를 시작할 땐 기자도 '중국 동포'하면 영화 '황해'를 떠올렸다. 취재 과정에서 편견이었다는 것을 깨달았다. 이주민들이 문화적 인식 차이나 경제적 어려움 때문에 범죄에 노출되기 쉬운 건 사실이다. 허나 적지 않은 동포들은 '한국 속 이방인'과 '한국 속 한국인' 사이의 선 위에서 분투하며 살고 있었다.

한 다문화센터 관계자는 "포털 기사에서 이주민에 대한 부정적인 댓글들을 본 뒤로 기자들의 취재요청에 망설여지는 게 사실"이라며 "이들이 가장 힘들어 하는 것은 언어나 경제적 어려움이 아닌 자신들을 향한 차가운 시선일지도 모른다"고 말했다.

〈출처: 뉴스1 2016. 8. 27〉

1-1 위 신문 기사를 읽고서 여러분은 어떤 생각과 느낌이 드나요? 솔직한 마음을 글로 나타내 보아요.

1-2 우리 주변에는 위 신문 기사에 나오는 것처럼 나와 다른 언어를 사용하고 생김새가 다른 사람들이 많아요. 이렇게 다양한 문화의 사람들과 더불어 행복하게 살아가기 위해서는 어떤 노력들이 필요할까요?

1-3 취재 기자와 인터뷰한 다문화센터 관계자는 "이들이 가장 힘들어 하는 것은 언어나 경제적 어려움이 아닌 자신들을 향한 차가운 시선일지도 모른다"고 말합니다. 이들과 상호협력을 하기 위해서는 관심, 존중, 배려가 필요합니다. 세 가지 모두 중요하지만 여러분은 이 세 가지 중에서 어떤 것이 가장 중요하다고 생각하는지 이유와 함께 자기 생각을 써 보아요.

1 '상호협력' 이야기를 더 알아보아요.

안성시다문화가정 서포터즈 봉사단, 무더위 속 삼계탕 요리봉사!

안성시는 안성시 다문화가족지원센터를 통해 결혼이민여성들이 안정적으로 한국사회에 적응할 수 있도록 다양한 생활지원 및 행복한 결혼생활을 돕는 다문화 가정 서포터즈 사업을 추진하고 있다.

지난 8월 11일 안성시 다문화가족 서포터즈 봉사단은 서툰 솜씨지만 정성껏 삼계탕을 준비해서 안성시노인주간보호센터 이용자들에게 점심식사를 대접하고 말벗을 해드리는 등 뜻깊은 시간을 보냈다.

봉사에 참여한 서포터즈단원 김아나스타시야(우즈베키스탄, 29세)씨는 날씨가 많이 더웠지만 어르신들께 삼계탕을 직접 만들어 드릴 수 있어 너무 보람 있고 행복했다며, 앞으로도 주변의 소외된 분들을 돕는 봉사활동을 통해 다문화가정에 대한 편견을 없애고 지역사랑을 실천하고 싶다고 소감을 밝혔다.

안성시다문화가족 서포터즈 봉사단은 그동안 다문화 인식개선 캠페인 및 서포터즈 활동을 꾸준히 실천해 왔으며, 이번 요리봉사를 계기로 앞으로 지역사회와의 소통과 통합을 위한 다양한 지역사회 연계활동들을 확대해 나갈 계획이라고 했다.

〈출처 : 경인타임스 2016. 08. 17〉

※ 안성시 다문화가족 서포터즈 봉사단은 다문화 인식개선 캠페인을 꾸준히 실천해 왔다고 합니다. 우리도 봉사단의 일원이라 생각하고 다문화에 대한 인식을 개선할 수 있도록 표어를 만들어 보아요.

※ 표어 예시

(예시 1) 올바른 다문화 사회
따뜻한 우리들 마음

(예시 2) 서로 돕는 우리 모두
차별 없는 우리 세상

2 다양한 매체를 더 만나보아요.

빠르게 변하는 사회 안에서, 소외되는 사회적 약자들을 위한 보호막도 점차 진화하고 있습니다. 〈현장리포트 공존〉에서는 다문화가정, 장애인, 아동, 노인 등을 비롯한 사회적 약자들의 현실을 알아보고 모두가 함께 공존하는 사회를 만들기 위해 시행되는 사회적, 법적 보호막을 점검하여 사회적 약자 보호에 대한 국민적 관심을 고취시키고자 합니다.

NATV 국회방송
현장리포트 〈공존〉

다름 혹은 차이를 극복하는 힘 사랑.
 다문화 〈사랑〉에서는 다르지만 결코 다르지 않은 우리 이웃들 '뉴 코리안 패밀리'들의 따뜻한 이야기를 만날 수 있습니다.
 '아름다운 공존'을 위한 백만 가지 사랑이야기. 다문화 〈사랑〉

EBS 종영 다큐멘터리 프로그램
다문화 〈사랑〉

피부색이 다르고, 언어가 다르고, 문화가 다르다는 이유로 크고 작은 삶의 성장통을 겪고 있는 다문화 가정.
 그런 다문화 가정의 현실과 희노애락을 담은 다문화 휴먼 다큐 〈가족〉은 우리와 함께 살아가는 우리 이웃의 이야기입니다.

EBS 종영 다큐멘터리 프로그램
다문화 휴먼다큐 〈가족〉

※ 제시된 다문화 관련 TV 프로그램 중 하나를 선택해서 보고 싶은 부분을 시청하고 난 후 지금의 다문화 사회에서 우리가 상호협력하는 어울림의 모습을 만들어가기 위해 함께 실천할 수 있는 일을 생각하여 써 보아요.

나의 실천 다짐

**'상호협력'이란,
힘을 합하여 서로 돕는 것**

- 내가 선택한 프로그램 :

- 시청 소감

(실천 1)

(실천 2)

(실천 3)

3 이런 책들도 함께 읽으면 좋아요.

다문화 사회에서 여러 이웃이 함께 어울려 사는 모습을 밝고 경쾌하게 그린 그림책입니다. 다문화 사회를 살아가는 우리 어린이들이 어떤 마음가짐으로 우리와 다른 인종과 민족, 다른 문화를 이해하고 함께 더불어 살아가야 하는지를 생각해 보게 합니다.

자신조차 편견에 사로잡혀 미처 깨닫지 못한 '다름'과 '차이'에 대한 존중과 배려를 배워 나가는 민주 이야기를 통해 상호협력에 대해 생각해보게 됩니다.

땅콩 시장에서 행복 찾기 / 이혜진 지음 / 사계절

햇볕이 내리쬐는 뜨거운 여름날, 장수풍뎅이는 땀을 뻘뻘 흘리며 일하는 개미들을 보고 묻습니다. "거기 숲 개미들! 왜 그렇게 힘들게들 일하니?" 개미는 장수풍뎅이를 자기들의 집으로 초대합니다. "그럼 나랑 같이 가자. 네가 궁금해 하는 것에 대해 알려줄게." 과연 장수풍뎅이는 개미의 집으로 가서 무엇을 보고 듣게 될까요?

쏙쏙탐험 개미왕국 / 팟차리 미수콘 지음 / 정인출판사

후아니토는 푸에르토리코에서 뉴욕으로 이사 온지 이틀 만에 사랑하는 개 페피토를 잃어버립니다. 스페인어 밖에 할 수 없는 후아니토는 거리 여기저기를 뛰어다니며 개를 찾아다니는데…

차이나타운에 사는 중국인 남매 릴리와 킴, 작은 이탈리아에 사는 안젤로, 파크 애비뉴에 사는 쌍둥이 자매 샐리와 수지, 할렘가에 사는 흑인 형제 빌리와 버드는 말은 통하지 않지만 후아니토의 개를 찾기 위해 함께 거대한 도시를 헤집고 다닙니다.

바우바우라고 짖든 멍멍이라고 짖든 하우하우라고 짖든 개는 개인 것처럼, 사는 곳과 사용하는 언어와 생긴 모습이 달라도 인간은 인간인 것입니다. 낯설고 삭막한 대도시에서 조건 없이 도움의 손을 내미는 아이들의 우정이 따뜻하고 건강합니다.

우리 개를 찾아 주세요! / 에즈라 잭 키츠 지음 / 베틀북

림 할머니는 정원에서 감나무 가꾸는 걸 무척 좋아하십니다. 그러던 어느 날 림 할머니는 나무에서 막 자라기 시작한 감을 발견하셨습니다. 그 감이 무럭무럭 자라 탐스럽게 익어 가자 림 할머니는 그 감을 사랑하는 손녀인 메이 링에게 줘야겠다고 생각하셨습니다. 그런데 이게 어찌된 일일까요? 어느 날 그 감이 그만 감쪽같이 사라지고 만 것입니다. 과연 그 감은 무사히 돌아올 수 있을까요? 여기에 세 친구가 멋진 활약을 합니다. 과연 어떤 활약일까요?

림 할머니의 감나무 / 수니타 래드 밤레이 글 / 정인출판사

유대인의 협동하는 지혜를 전하는 탈무드 이야기를 들려줍니다. 눈, 코, 혀, 팔, 다리 등 각 신체 부위가 각각 얼마나 중요한 역할을 하는지 알려 주는 이야기, 겉모습도 특징도 다른 개와 양들이 서로 도우며 살아가는 이야기, 평생 책만 읽느라 이웃들과 어울리지 못한 일을 후회하는 랍비의 이야기 등 모두 협동하는 태도를 심어 주는 여섯 편의 탈무드 이야기가 나옵니다.

마음씨네 탈무드 학교(협동) / 이형진 지음 / 꿈꾸는초승달

새터민들의 꿈은 대한민국 국민이 되는 것입니다. 우리는 아무런 노력 없이 대한민국 국민이 되었는데, 그들은 목숨을 걸어야만 대한민국 국민이 될 수 있는 것입니다. 빗발치는 총알을 뚫고 자유와 행복을 찾아 머나먼 한국 땅에 온 그들에게 우리는 어떻게 해야 할까?

새터민 이야기 / 한경아 지음 / 거인

무엇을 먹을까요?

문화 교류

1. 다문화 속 '문화교류'에 대해 알아보아요.

농민 "중국 청년 없으면 배추농사 애먹어"
필리핀인 "인심 좋은 한국 오려고 줄서요"

농촌 일손 돕는 '외국인 계절근로자'

임 대표는 891㎡ 규모 절임배추 공장에서 한 해 320t 정도의 절임배추를 생산한다. 연간 매출은 4억원 정도다. 절임배추가 잘 팔려 매출은 늘지만 일손이 항상 고민이었다. 오가리에 90여 명의 주민이 살지만 대부분 70~80대 노인이다. 50대인 임 대표는 이 마을에서 둘째로 젊다고 한다. 임 대표는 "농촌 고령화가 심각해 일손 구하는 데 애먹었다"며 "젊고 힘센 30대 중국 청년들이 바쁜 시기에 일을 도우니 절임배추 납품이 훨씬 수월해졌다"며 웃었다.

고령화된 농촌 지역 인력난 해소를 위해 도입한 외국인 계절근로자 제도가 호응을 얻고 있다. 이 사업은 각 지방자치단체가 자매결연 등을 한 외국에서 근로자를 받아 한시적으로 고용하는 제도다. 법무부에서 단기취업비자(C-4)를 받은 외국인들이 일손이 필요한 농가에 머물며 최대 90일까지 일할 수 있다. 지난해 10월 충북 괴산이 처음 도입한 이후 올해 충북 단양·보은, 충남 서천, 강원도 양구, 전북 신안 등에서 시범사업을 하고 있다. 경기도 포천시와 충북 음성군은 행정절차를 준비 중이다. 이 사업을 통해 지금까지 한국 농촌에 온 외국인 계절근로자는 모두 219명이다. 대상자는 만 33~55세 외국인이다.

〈출처 : 2016. 11. 05 〈중앙일보〉 기사 중에서〉

　일주일 뒤 브라질에서 할아버지가 주문한 커피콩이 도착했다. 엄마는 그 사이 할아버지에게 커피콩 고르는 법과 원두 볶는 법 그리고 커피 내리는 법까지 배웠다. 처음엔 믿지 못하던 엄마도 할아버지의 커피 지식에 깜짝 놀라는 눈치였고, 점점 더 열심히 배우기 시작했다. 브라질에서 온 커피콩으로 만든 원두로 커피를 내리자 가게 멀리까지 진하고 고소한 커피 향이 풍겼다. 할아버지가 내려 준 커피를 마신 엄마의 표정이 확 밝아졌다.

　"세상에! 커피가 이렇게 맛있을 수 있나요? 이 정도 맛이라면 손님이 줄을 서겠어요!"

　"이게 바로 세계적으로 유명한 브라질 산투스 커피에요."

　"산투스 커피라고요?"

　"나 고향 커피 그리워서 산투스 커피 찾았어요. 그런데 커피 너무 맛없어서 화났어요. 그때 그랬던 거 미안해요."

　"아니에요. 제가 더 죄송해요. 산투스 커피가 진짜 있는 줄도 모르고……. 제가 커피에 대해 너무 몰랐어요. 그저 싸면 다 장사가 잘될거라 생각했어요."

　호케 할아버지와 엄마의 오해가 풀려 다행이었다. 나는 기분이 좋아서 콧노래가 절로 나왔다.

　"할아버지! 브라질 사람들은 커피를 좋아해요?"

　"응. 브라질 사람들 커피 없으면 못 살아. 이번엔 브라질 사람들 하루에도 몇 잔씩 마시는 카페지뉴 만들어 줄게."

「삼바를 추는 축구 소년」(강효미 글 / 송선범 그림
한솔수북 출판사), p.43~44

2. 다문화사회에서 '문화교류'는 왜 중요할까요?

문화교류란?

세계의 다양한 문화가 기본적으로 평등하다는 것을 인정하고, 세계의 평화적 발전을 위하여 문화 간의 상호이해를 도모하는 여러 활동을 의미합니다.

생김새도 다르고 말도 안 통하는 외국인들이 두려운 존재일 때가 있었습니다. 조선에 몰려들기 시작한 선교사들을 본 조선인들은 서양인을 가리켜 '서양 귀신'이라 불렀었지요. 외국인을 보는 것이 외계인을 보는 것만큼이나 희귀한 일이었던 것이지요. 그러나 현재 외국인을 보고 귀신이라거나 외계인이라고 생각하는 사람은 아무도 없습니다. 정보 통신 기술, 즉 컴퓨터와 인터넷의 발달로 세계화가 급속하게 진행된 까닭입니다. 이제는 방안에 앉아서 인터넷을 통해 다른 외국인이 운영하는 블로그에 접속할 수 있고, 내가 찍은 여행 사진이나 동영상을 전 세계로 알리는 것도 쉬운 일이 되었지요. 이처럼 우리는 너무나 가까워진 세계를 살아가고 있습니다. 이에 따라 한 나라의 경제, 가정의 구성, 개인의 생활모습에 이르기까지 그 하나하나의 모습이 완전히 바뀌게 되었습니다. 세계가 가까워짐으로 세계의 인종과 문화는 비빔밥처럼 섞여가고 있습니다. 이러한 세계화는 이미 막을 수 없는 일입니다.

그렇다면 이런 세계화, 다문화의 시대를 살아가는 우리에게 필요한 덕목은 무엇일까요? 그것은 가지각색의 사람들과 다양한 문화를 존중하고 함께 누리는 법일 것입니다. 그러기 위해 가장 중요한 것이 다른 세계를 온전히 이해하는 것입니다. 아무런 편견 없이 다양한 문화를 받아들이는 것입니다. 또 그 다양한 문화들이 우열이 없이 모두 가치 있는 것임을 인정하는 것입니다. 그 편견 없는 온전한 이해를 위해 우리는 다양한 문화에 대해 알아야 할 필요가 있습니다. 이것이 다문화사회에 있어 문화교류가 필요한 까닭입니다.

맛있게 읽어요

1. '문화교류'를 위한 첫 번째 책을 만나요

관련 핵심역량

지식정보 처리 역량, 심미적 감성 역량, 의사소통 역량, 공동체 역량

홍명진 글 / 조성민 그림 / 어린이 나무 생각

어떻게 읽을까요?

1. 세계 많은 나라들의 정치, 경제, 문화, 종교, 자연환경 등을 비교하며 읽어요.
2. 인종의 다양성을 이해하며, 인종갈등 문제의 해결방안을 생각하며 읽어요.
3. 경쟁이 아닌 공존과 조화로운 세계화를 이루기 위해서 필요한 것이 무엇인지 생각하며 읽어요.

어떤 내용일까요?

　우리는 클릭 몇 번이면 전 세계 구석구석의 소식을 알 수 있는 세계화 시대를 살아가고 있습니다. 이제 더 이상 '우리끼리'를 고집하기에는 세상이 무척 넓어진 것이지요. 이러한 세계화 시대에서 우리는 가지각색의 사람들과 다양한 문화를 존중하고 함께 누릴 수 있어야 합니다.

　『함께 사는 다문화 왜 중요할까요?』는 우리와 다른 다양한 문화를 존중하고 함께 어울려 살아가는 것이 왜 중요한지, 나와 다른 세계를 어떻게 받아들여야 하는지 생각해 보게 하는 책입니다.

미리 맛보기  마음을 열어요

1 만약 세상에 나를 제외한 한국인이 단 한 명도 존재하지 않는다면, 여러분은 어느 나라 사람과 결혼을 하고 싶나요? 그렇게 생각한 이유는 무엇인가요?

2 여러분에게 외국인 친구가 있다고 가정해봅시다. 외국인 친구에게 소개해 주고 싶은 한국 문화에는 어떤 것들이 있나요?

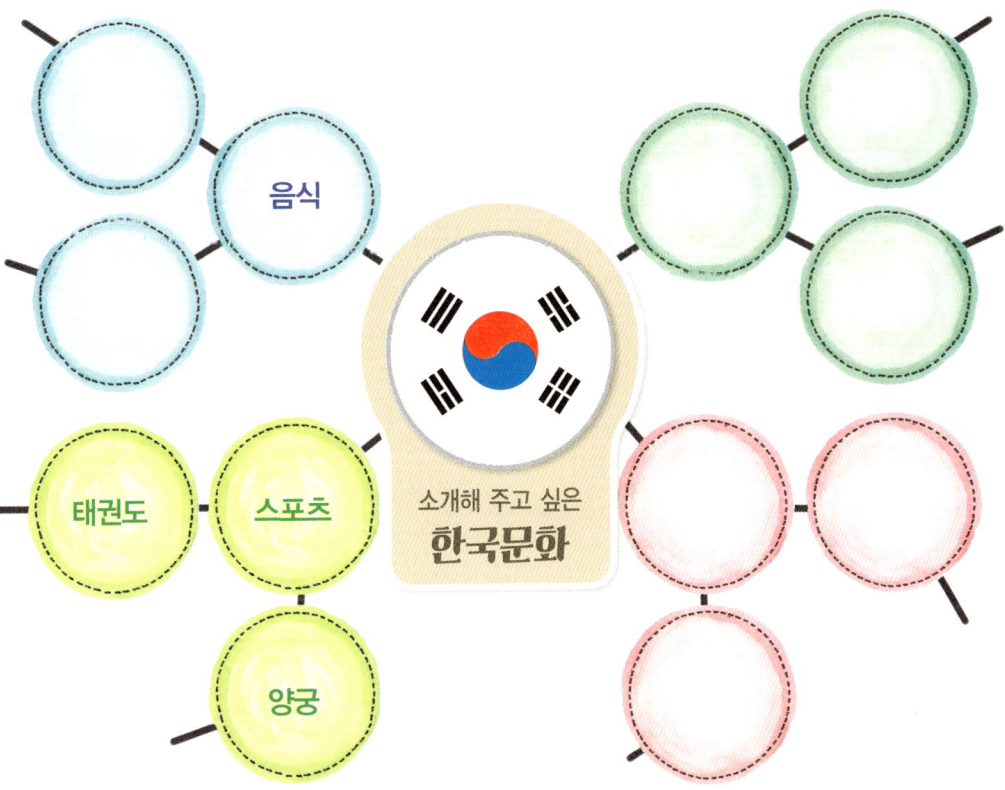

문화교류 • 191

3 '대한민국'하면 외국 사람들은 어떤 것들을 떠올릴까요? 한류스타, 김치, 태권도, 한국드라마, 2002월드컵 등 여러 가지를 생각해 낼 거예요.
  그렇다면 다음의 나라들을 떠올렸을 때 생각나는 것에는 어떤 것들이 있는지 자유롭게 적어 봅시다.

 **차근차근 맛보기**　내용을 이해해요

1. 세계에는 다양한 종교가 존재합니다. 그런데 다양한 종교들이 때로는 분쟁을 일으킵니다. 종교 분쟁은 역사적으로 수많은 전쟁과 학살로 이어졌지요. 종교 분쟁이 일어나는 원인은 무엇인가요? 또 종교 분쟁을 해결하기 위해 필요한 것은 무엇일까요?

- (원인)

- (해결하기 위해 필요한 것)

2. 우리는 흔히 피부색에 따라 황인, 백인, 흑인으로 인종을 나누곤 합니다. 인종의 차이로 지적인 능력이 결정될까요? 아닙니다. 그것은 잘못된 생각입니다. 그러나 인종마다 각기 다른 특성과 개성, 장기가 있는 것은 사실입니다. 그렇다면 각 인종마다의 뛰어난 부분과 업적을 정리해 봅시다.

	뛰어난 부분	업적
백인		
황인 (동양인)		
흑인		

3 1980년대까지만 해도 한국에서 외국인을 보기란 드문 일이었습니다. 그러나 1990년대 중반부터 한국에 외국인들이 몰려들기 시작했습니다. 이들이 한국으로 몰려든 이유는 어디에 있었나요? 그 이유를 2가지로 정리해 봅시다.

4 한국인은 태어나기도 하지만, 만들어지기도 합니다. 한국인으로 만들어진다는 것은 귀화하는 외국인을 가리키는 것이지요. 한국에 귀화하기 위해서는 어떤 과정을 거쳐야 하나요? 또 귀화를 하게 되면 어떤 의무와 권리를 가지게 되나요?

- (귀화 방법)

- (의무와 권리)

5 인터넷이 우리 생활의 중심에 자리 잡게 되면서 세계는 한 동네처럼 좁아졌습니다. 인터넷의 발달이 세계화에 미친 영향에는 어떤 것들이 있나요? 사례를 들어 이야기해 봅시다.

다양한 맛 즐기기 — 넓고 깊게 생각해요

1 오랜 세월을 살아온 어르신들은 "사람 사는 게 다 똑같지 뭐."라고 말하곤 합니다. 이 말은 한국 사람이나 미국 사람이나 중국 사람이나 경험하는 것, 생각하는 것, 느끼는 것이 크게 다르지 않다는 말로도 생각할 수 있습니다. 외국인을 보고 '정말 우리와 다르지 않구나.'하고 느낀 경험이 있나요?

2 다문화 사회에서 우리는 우리 문화의 틀과 다른 색다른 문화에 대해 함부로 평가를 하기보다 열린 생각을 가져야 해요. 모든 문화가 그 문화를 누리는 사람에게는 소중하고 가치 있다는 것을 인정해야 하지요. 그럼에도 우리의 양심과 상식에 비추어 이해하기 어려운 문화에는 어떤 것들이 있을까요?

3 한국으로 이민 온 외국인들은 한국의 가치와 문화를 받아들이고 한국 문화에 흡수되기 위해 노력해야 할까요? 아니면 자신의 나라의 문화를 고수하며 그들만의 문화를 유지한 채 살아가도 될까요? 자신의 의견을 이야기해 봅시다.

4 난민 문제가 세계적으로 중요한 이슈로 떠오르고 있습니다. 인도주의적 측면에서 볼 때 난민을 수용하는 것이 바람직하지만 많은 나라들이 난민 수용에 난색을 표하고 있습니다. 많은 나라들이 난민 수용을 꺼리는 까닭은 무엇 때문입니까?

> **tip** ※ 인도주의 : 모든 인간은 인간이라는 점에서 동등한 자격을 갖추고 있다는 생각에서, 인류의 공존과 복지를 꾀하는 것

5 다음은 기사 일부를 발췌한 내용입니다. 기사의 내용처럼 우리 주변에서 영어간판은 쉽게 찾아볼 수 있습니다. 그렇다면 영어간판이 이토록 많아진 까닭은 무엇일까요? 또 영어가 아닌 다른 언어(문자)로 쓰인 간판은 없는지 우리 주변에서 찾아보세요.

> "자주 찾는 동성로지만 눈에 보이는 간판 대부분이 영어라서 해외에 온 것 같습니다."
> "영어로만 적힌 간판들이 많아지고 계속 보니 익숙해져서 무감각하네요."
>
> 제570돌의 한글날을 맞은 대구의 중심가인 동성로에서 만난 시민들의 이야기다.
> … (중략) …
> 대구백화점 광장에서 CGV 한일까지 100m 거리 내 있는 상점 간판을 헤아려본 결과 모두 45개의 간판이 있다.
> 이중 영어 26개, 한글 13개, 영어와 한글이 병용된 간판은 6개다.
> 한글간판 중 순수 우리말만 적힌 간판은 4개였으며, 나머지는 영어를 한글로 그대로 옮겼을 뿐이다.
>
> 〈출처 : 대구일보, 2016. 10. 10에서 발췌〉

- (많아진 까닭)

- (다른 문자로 된 간판의 사례)

6 세계화가 추구하는 것은 하나의 통일된 문화가 아닙니다. 각 나라 나름의 특수하고, 다양한 문화들이 조화를 이루는 것을 추구하지요. 그렇다면 세계화의 흐름 속에 꼭 지키고 싶은 우리의 문화에는 어떤 것들이 있나요?

7 우리나라는 낮은 출산율과 고령화로 인해 일할 사람의 수가 점점 부족해지고 있습니다. 이 부족한 노동력을 외국인들이 채우고 있지요. 이러한 현상이 지속된다면 먼 훗날 우리나라는 오늘의 미국과 같이 여러 민족과 인종으로 구성된 사회가 될 것입니다. 여러 민족과 인종이 뒤섞인 나라(다민족국가)가 된다면 어떤 장점과 단점이 있을까요?

장점	
단점	

 **함께 맛 나누기**   독서 토론을 해요

1 부르카는 이슬람 여성들이 머리부터 발목까지 온몸을 가리기 위해 입는 통옷을 말해요. 이것은 이슬람 여성의 중요한 징표가 되지요. 만약 우리나라에 부르카를 입은 여성들이 서울 곳곳에 돌아다닌다면 어떨까요? 부르카를 입은 여성들을 제재해야 할까요? 아니면 허용해야 할까요?

찬성 : 부르카를 입은 여성들을 허용해야 한다.

근거 1)

근거 2)

근거 3)

반대 : 아니다. 부르카를 입은 여성들을 제재해야 한다.

근거 1)

근거 2)

근거 3)

문화교류 • 199

2 외국인 노동자에 대해 들어본 적이 있나요? 외국인 노동자에 대한 우리 사회의 평가는 두 가지로 나뉩니다. 하나는 외국인 노동자가 우리 사회에 도움이 된다는 것이고, 다른 하나는 반대로 악영향을 끼친다는 것입니다. 여러분의 생각은 어떠한가요? 또 그렇게 생각한 까닭은 무엇인지 이야기해봅시다.

나의 생각 (✓ 표시)	그렇게 생각한 까닭
우리나라에 도움이 된다. ( )	
우리나라에 도움이 되지 않는다. ( )	

3 교차질의식 독서토론을 해 보세요.

자유무역협정(FTA)이란 나라 간의 무역을 보다 자유롭게 하기 위하여 관세와 같은 무역의 장벽을 없애는 것입니다. 자유무역협정은 그 입장에 따라 장단점을 갖습니다. 그렇다면 자유무역협정에 대한 자신의 입장을 근거를 들어 이야기해봅시다.

대상도서	함께 사는 다문화 왜 중요할까요?	
주제	자유무역협정(FTA)은 꼭 필요하다.	
주장	찬성	반대
	자유무역협정은 우리나라에 긍정적인 영향을 미친다.	자유무역협정은 우리나라에 부정적인 영향을 미친다.
주장의 이유		
주장의 근거		
예상되는 반론 및 예상 반론 꺾기		
정리		

* 부록1)을 참고해 주세요.

 **쓱싹 쓱싹 요리하기** 재미있는 독서 글을 써요

1 다음 신문 기사를 읽고 물음에 답해 보세요.

'비정상회담' 한국은 다문화 사회? 당신의 생각은?

"우리 사회가 아직 다문화에 대해 거부감이 크다고 생각하는 나, 비정상인가요?"

이날 G12은 단일 민족 국가인 한국에서 아직까지 다문화에 대한 거부감이 큰 게 당연하다는 입장과, 이전과 비교할 수 없을 만큼 한국인들의 인식이 달라졌다는 입장으로 팽팽히 맞섰다.

기욤은 "얼마 전에 다문화 가정 아이들을 만나고 왔다. 옛날에는 차별을 많이 당했다더라. 요새는 외국인들이 TV 많이 나와서 거부감이 없다더라. 옛날이 언제냐고 물어보니깐 3년 전이라고 하더라. 아직도 거부감이 있지만 빠른 속도로 개선되고 있다"고 입을 뗐다. 다니엘도 "다문화 센터에서 몇 번 강의를 했었는데, 가나계 부모님을 둔 아이한테도 물어보니 젊은 친구들은 인식이 많이 열려 있다"고 목소리를 높였다.

장위안은 "지금 우리가 여기 앉아 있을 수 있는 이유가, (TV를 보는 한국인 시청자가) 우리를 받아들일 수 있기 때문이다"라고 강조했다.

반면 카를로스는 "아직도 한국을 소개하는 책에는 <u>단일 민족</u>이나 순혈 등의 단어가 나온다. 한국어로 하면 부드러운 느낌이지만, 포르투갈어로 읽었을 때는 차별 받는 느낌이었다"며 고개를 저었다. 타일러도 "(거부감이) 크다고 생각한다. 사람들은 다문화를 단순한 공존이라고 생각한다. 동화랑 혼돈해서는 안 된다"고 못 박았다.

〈출처 : TV리포트, 2015. 8. 25. 용미란 기자〉

1-1 여러분이 이 프로그램에 패널로 출연했다면 이 주제에 어떻게 대답했을 것 같나요? 우리 사회가 여전히 다문화에 거부감이 크다고 생각하나요? 아니면 이제는 다문화에 대해 생각이 많이 열렸다고 생각하나요? 또 그렇게 생각하는 이유는 무엇인가요? 아래 입장 중 하나를 골라 써 주세요.

- ☐ 우리 사회는 여전히 다문화에 대한 거부감이 크다.
- ☐ 우리 사회가 이제는 다문화에 대해 생각이 많이 열렸다.

(그렇게 생각하는 이유)

1-2 2007년 유엔 인종차별철폐위원회에서는 한국에게 더 이상 단일민족을 강조하지 말라고 권고했어요. 같은 영토 내에 함께 살아가는 다른 인종·국가 출신 사람들과의 관계에서 장애가 될 수 있기 때문이죠. 그렇다면 외국인에게 한국을 소개할 때 '단일민족' 대신 어떤 말로 대체하여 소개하는 게 좋을까요?

예) 정 많은 민족, 애국심이 뛰어난 민족

2 다음 신문 기사를 읽고 물음에 답해 보세요.

부산 학생 교류방문단, 中 충칭 파견
…교육환경·문화 체험

　부산과 우호협력도시인 중국 충칭의 청소년들과 교류하는 한편 글로벌 인재를 양성하기 위해 파견되는 이번 교류방문단은 부산강서고등학교 학생 10명과 교사 1명으로 구성됐다.

　이들은 충칭시의 우수 중점학교인 찌화고등학교(曁华高中)를 방문해 학교 견학 및 지리·예체능 수업 등에 참관해 교육환경을 체험하고, 찌화고등학교 학생들과 홈스테이를 통해 교류하게 된다.

　또 충칭 유명 명소 대족석각(大足石刻), 한국임시정부청사 등을 탐방하며 중국의 문화와 한중 관계의 이해를 도모할 예정이다.

　이에 앞서 부산강서고학생들은 지난 4월 부산국제교류재단 초청으로 부산을 방문한 충칭 학생 교류방문단과 교류하면서 한국의 문화 및 교육환경을 체험하는 기회를 가졌다.

　부산국제교류재단 관계자는 "이번 부산-충칭 학생교류 충칭 파견을 통해 양 우호협력도시 간 우호와 협력 강화는 물론이고 부산 학생 교류단이 이번 활동을 통해 글로벌 인재로 성장하길 바란다"며 "앞으로도 다양한 방면의 사업을 추진해 도시간 시민들의 우호 증진과 민간 국제교류 활성화를 위해 최선을 다할 것"이라고 말했다.

〈출처: 뉴시스, 2016. 11. 11. 허상천 기자〉

2-1 기사 속 학생들처럼 외국에서 홈스테이를 하게 된다면 어떤 것들을 배울 수 있을까요?

....

....

....

....

2-2 여러분이 문화교류 방문 행사를 총 계획하고, 구상하는 기획자가 되어 다음의 계획서를 작성해 봅시다.

〈문화교류 방문 행사 계획서〉

방문 날짜	
방문 나라	
방문 목적	1. 2.
방문 장소 및 일정	
특전	봉사시간(20시간), 국제교류활동증서

문화교류 • 205

2. '문화교류'를 위한 두 번째 책을 만나요

관련 핵심역량

지식정보처리 역량, 심미적 감성 역량, 의사소통 역량, 공동체 역량

정희용 글 / 이현주 그림 / 아이세움

 어떻게 읽을까요?

1. 세계화가 우리의 일상에 어떤 영향을 끼쳤는지 생각하며 읽어요.
2. 역사적으로 세계화가 어떻게 이루어졌는지 그 과정을 살펴보며 읽어요.
3. 세계화의 장단점을 살펴보고, 지속가능한 세계화를 위한 앞으로의 과제는 무엇인지 생각하며 읽어요.

 어떤 내용일까요?

　세계화란 지구상의 많은 나라들이 이웃 나라들과 가깝게 교류하고 서로 긴밀하게 영향을 주고받는 현상을 말합니다. 세계화는 한 나라의 경제 뿐 아니라 가정의 구성, 개인의 생활 모습까지 바꾸고 있습니다. 그리고 이러한 세계화는 이미 막을 수 없는 전 세계적인 현상입니다. 그런데 세계화는 어떤 사람들에게는 대단한 기회가 되지만, 반대로 어떤 사람 혹은 나라에게는 매우 위험한 일일 수도 있습니다. 그렇다면 세계화 시대 속에서 우리가 고민해야 할 문제는 무엇일까요? 지속가능한 세계화를 위해 우리가 생각해 볼 것은 무엇일지『우리 앞의 세계화 이야기』를 통해 함께 고민해봅시다.

미리 맛보기 마음을 열어요

1 여러분은 국악이나 판소리를 즐겨 듣는 편인가요? 국악이나 판소리를 즐겨듣는, 반대로 즐겨듣지 않는 이유는 무엇인가요? 아래 입장 중 하나를 골라 써 주세요.

☐ 국악·판소리를 즐겨 듣는다.
☐ 국악·판소리를 즐겨 듣지 않는다.

(그 이유)

2 좋아하는 브랜드나 메이커가 있나요? 그 특정 브랜드 혹은 메이커를 좋아하는 이유는 무엇인가요? 또 그 브랜드(메이커)는 어느 나라 기업인가요? 또 그 브랜드(메이커)의 제품들이 실제로 만들어지는 나라는 어디인가요?

좋아하는 브랜드·메이커는?	
왜 좋아하나요?	
어느 나라 기업인가요?	
어디에서 만들어지나요?	

3 머릿속에 떠오르는 나라 이름들을 생각나는 대로 적어봅시다.(20개 정도) 다 적었다면 그 나라들을 대륙별로 분류해봅시다.

생각나는 나라 이름	

대륙별로 분류	
아시아	유럽
북아메리카	남아메리카
아프리카	오세아니아

 **차근차근 맛보기** 내용을 이해해요

1 세계적인 대형 할인 마트인 월마트는 세계의 거의 모든 나라에서 성공적으로 운영되고 있습니다. 그런데 월마트가 유독 한국에서만큼은 실적이 좋지 않아 쩔쩔매다가 결국엔 철수하고 말았습니다. 월마트가 한국에서 실패한 이유는 무엇인가요?

2 최근 경제가 왕성하게 발전하고 있는 몇몇 나라들이 있습니다. 이들을 가리켜 브릭스(BRICs)라는 별명을 붙여 주었는데요. 브릭스(BRICs)에 속하는 네 나라는 어느 나라들인가요? 이들 나라가 빠르게 성장하고 있는 이유는 무엇인가요?

- (네 나라)

- (빠르게 성장한 이유)

3 두 차례의 세계 대전으로부터 교훈을 얻은 전 세계 국가들은 국제연합기구(UN)를 만들었습니다. 국제연합기구(UN)가 목표로 하는 것은 무엇인가요?

4 1997년 한국은 외환위기를 맞습니다. 한국이 보유하고 있던 외환이 바닥난 것이죠. 다행히도 국민들의 금 모으기 운동을 비롯한 자발적인 참여와 노력으로 위기를 벗어날 수 있었습니다. 그렇다면 외환위기는 왜 발생한 것인가요?

5 스위스의 다보스에서는 해마다 세계화를 선도하는 사람들이 모입니다. 반면 같은 기간 동안 지구 곳곳에서는 세계화를 반대하는 사람들의 시위가 벌어집니다. '세계 경제 포럼(다보스 포럼)'과 '세계 사회 포럼'이 그것입니다. 이 포럼에 참석하는 사람들은 어떤 사람들인가요? 또 이들은 무엇을 주장하나요?

	참석자들	그들의 주장
세계 경제 포럼 (다보스 포럼)		
세계 사회 포럼		

다양한 맛 즐기기 넓고 깊게 생각해요

1 요즘 마트나 시장에 가보면 식재료들이 거의 다 외국산임을 알 수 있습니다. 식탁에서 세계 곳곳의 나라를 만날 수 있게 되지요. 자신이 알고 있는 외국에서 온 식재료 혹은 식품에는 어떤 것들이 있는지 이야기해 보세요.

예) 칠레산 오렌지, 중국산 콩으로 만든 두부

2 세계의 많은 어린 아동들이 일터로 내몰리고 있습니다. 바로 가난한 나라에 태어나 생계를 책임져야 하기 때문이죠. 또 공장에서는 임금이 싸기 때문에 아이들을 고용합니다. 이들을 도울 수 있는 방법에는 어떤 것들이 있을까요? 개인적으로, 국가적으로, 세계적으로 도울 수 있는 방법에는 어떤 것이 있는지 생각해 보세요.

- (개인적으로)

- (국가적으로)

- (세계적으로)

3 '제 2의 외교 사절'이라고 불리는 문화는 나라와 나라 사이를 이어주는 커다란 힘이 있습니다. 실제로 최근 한국 문화가 아시아를 넘어 전 세계로 널리 퍼져 가고 있고, 이들이 한국을 알리는 데 큰 공헌을 하고 있습니다.

3-1 한류의 중심에는 K-POP과 K-DRAMA가 있습니다. 이들의 성공 사례에 대해 생각나는 대로 적어보세요.

3-2 우리의 음식 중에 비빔밥은 세계적인 가수 마이클 잭슨이 생전에 좋아할 뿐 아니라 극찬하며 즐겨 먹었던 것으로 알려져 있습니다. 여러분이 생각하기에 해외에서도 통할 것 같은 우리나라의 음식이 있나요? 반대로 외국 음식 중에 여러분의 입맛을 사로잡은 음식에는 어떤 것들이 있나요?

• (알리고 싶은 한국 음식)

• (자신이 좋아하는 외국 음식)

4 우리는 콜럼버스의 아메리카 대륙 탐험을 '신대륙의 발견'이라 하지만, 원주민의 입장에서 보면 아메리카는 신대륙이 아닙니다. 유럽 사람들은 낯선 침략자일 뿐입니다. 원주민의 입장에서 자신들의 삶의 터전을 침략한 유럽인들에게 항의하는 글을 써 보세요.

5 지구 한 쪽에서는 비만을 염려하며 다이어트에 정성을 쏟을 때, 세계의 절반은 아직도 굶주리고 있습니다. 과학기술의 발전으로 인한 풍요의 시대에 왜 세계의 절반은 여전히 굶주리고 있을까요? 이들의 문제를 해결할 수 있는 방법에는 어떤 것들이 있을까요?

• (이유)

• (해결 방법)

6 2011년 서울의 한 고급 호텔에서 한복을 입었다는 이유로 뷔페식당 출입을 막은 사건이 있었습니다. 당시 이 호텔 관계자는 "우리 호텔엔 드레스 코드가 있다. 한복은 출입이 안 된다"고 막아섰습니다. 만약 여러분이 입장을 거부당한 당사자였다면 어떤 생각을 했을까요? '문화의 상대성' 관점에서 그 호텔 홈페이지 〈고객 의견 접수〉란에 글을 남겨 보세요.

〈고객 의견 접수〉

고객의 소리에 귀 기울여 세심한 감동으로 전달해드리겠습니다.

호텔, 레스토랑, 호텔 부대시설 및 서비스 등을 이용하시면서 느끼셨던 소감을 이곳에 남겨주십시오.

고객의 소중한 의견은 즉시 반영하여 감동으로 이어지는 세심한 서비스로 보답하겠습니다.

〈접수 정보〉

호텔	서울 ○○호텔
성명	
이메일	@
주소	
내용 (2,000자 내외)	

 **함께 맛 나누기** 독서 토론을 해요

1 현재 영화관에서 상영하고 있는 영화들을 떠올려보세요. 우리나라 영화와 외국 영화의 비율이 어떠한가요. 우리나라 영화 산업 중 외국영화, 특별히 할리우드 영화가 차지하는 비율은 매우 높습니다. 이러한 흐름 가운데 스크린 쿼터제에 관한 찬반 논의가 있습니다. 여러분의 생각은 어떤지 이야기해 보세요.

> **tip** ※ 스크린 쿼터제란? 극장이 자국의 영화를 일정기준 일수 이상 상영하도록 하는 제도적 장치로 정확한 명칭은 '한국영화 의무 상영'입니다. 스크린 쿼터제가 등장하게 된 배경은 외국 영화의 무차별적인 시장 잠식을 견제하며 자국 영화의 시장을 보호하기 위함입니다.

찬성 : 스크린 쿼터제에 찬성한다.

근거 1)

근거 2)

근거 3)

반대 : 스크린 쿼터제에 반대한다.

근거 1)

근거 2)

근거 3)

문화교류 • 215

2 2005년 제 33차 유네스코 회의에서는 참가국들이 세계 문화의 다양성을 지키기 위한 '문화 다양성 협약'을 맺어요. 환경과 관습이 달라 이해하기 힘든 문화가 있을지라도 그것은 그 문화권의 사람들에게는 중요하고 소중할 수 있기에 존중해야한다는 것이지요. 세계 문화의 다양성이라는 측면에서 볼 때, 한국의 개고기를 먹는 문화는 존중되어야 하는 것일까요? 개고기를 먹는 문화에 대한 자신의 의견을 이야기해 보세요.

찬성 : 개고기를 먹는 문화에 찬성한다.

근거 1)

근거 2)

근거 3)

반대 : 개고기를 먹는 문화에 반대한다.

근거 1)

근거 2)

근거 3)

3 교차질의식 독서토론을 해 보세요.

과거에는 몇몇 소수의 사람들만이 세계를 경험할 수 있었지만 오늘날에는 국민 대다수가 세계를 느끼고 인식하고 있습니다. 세계를 인식하는 한 방법으로 해외여행이 있습니다. 그렇다면 해외여행은 우리 사회에 과연 득(得)일까요? 아니면 실(失)일까요?

대상도서	우리 앞의 세계화 이야기	
주제	해외여행은 우리 사회에 긍정적 영향을 미친다.	
주장	찬성	반대
	해외여행은 우리 사회에 긍정적 영향을 미친다.	해외여행은 우리 사회에 부정적 영향을 미친다.
주장의 이유		
주장의 근거		
예상되는 반론 및 예상 반론 꺾기		
정리		

* 부록1)을 참고해 주세요.

 **쓱싹 쓱싹 요리하기** 　재미있는 독서 글을 써요

1 다음은 EBS 〈지식채널e〉 '모자이크 프로젝트'의 방송 내용입니다. 이를 보고 다음 질문에 답해 보세요.

1-1 캐나다에서는 경찰도 터번을 두를 수 있습니다. 또 어느 민족 출신인지 상관없이 캐나다에 이주해 정착했다면 총리까지도 될 수 있습니다. 그리고 캐나다 시민들은 이에 거부감이 없습니다. 그렇다면 만약 우리나라에서 흑인 경찰을 보게 된다면 어떨 것 같나요? 그렇게 생각한 이유는 무엇인가요?

1-2 캐나다에는 다양한 언어로 업무를 보는 은행이 있습니다. 만약 여러분이 캐나다에 이주해 갔고, 한국어로 업무를 보는 은행이 있다면 어떤 기분이 들 것 같나요?

1-3 '모자이크 정책'이란 다양한 민족의 문화를 그 모습 그대로 인정하며 함께 살아가는 것입니다. 만약 우리나라에 이주해 온 외국인들이 자신의 나라의 문화를 고수한다면 어떤 좋은 점과 나쁜 점이 있을까요?

• (좋은 점)

• (나쁜 점)

2 다음 신문 기사를 읽고 물음에 답해 보세요.

라면 'K푸드 대표식품' 자리매김.. 10년새 수출 3배 증가

**작년수출액 2억9041만弗 '사상 최대'
전년비 32.7%… 수출 효자상품으로**

라면이 지난해 사상 최대 수출액을 기록을 경신하며 'K푸드' 식품으로 자리매김하고 있다.

한국식 '매운' 라면은 중국 등 아시아는 물론이고 미국, 유럽 등지에서도 인기를 끌며 수출 효자역할을 톡톡히 하고 있다. 이에 힘입어 국내 라면업체들은 새해 들어 글로벌 시장 공략에 박차를 가하고 있다.

30일 라면업계와 농림축산식품 부 등에 따르면 지난 해 라면 수출액은 2억9041만달러(약 3389억원)로 집계됐다. 이는 수출액이 가장 많았던 2015년(2억1880만달러)에 비해 32.7%나 늘어난 것이다. 라면수출 증가율이 30% 이상을 기록한 것은 1994년(42.2%) 이후 22년 만이다. 우리나라 라면 수출은 지난 2006년 1억 달러를 넘어선 지 10년 만에 3배로 늘었다.

지난해에는 가장 큰 시장인 중국으로의 수출이 전년 대비 94.4%나 급증했다. 베트남과 태국으로의 수출도 각각 90.4%, 155.8% 늘었다. 여기에 최근에는 라면의 종주국 일본은 물론이고 유럽과 중동 지역으로의 수출도 눈에 띄게 늘면서 글로벌 식품으로 급성장하고 있다.

글로벌 시장에서 한국산 라면의 인기가 높아지면서 라면업체들도 해외 시장 공략에 고삐를 바짝 죄고 있다.

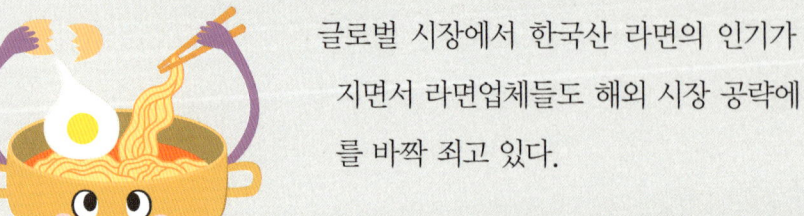

〈출처 : 파이낸셜 뉴스, 2017. 1. 31. 홍석근 기자〉

2-1 라면의 종주국은 일본입니다. 일본에서 들어온 라면은 우리나라 사람들 입맛에 맞게 완전히 한국화 되었습니다. 이렇게 한국화 된 라면은 우리나라에서뿐 아니라 종주국인 일본에서도 인기를 끌고 있습니다. 이처럼 다른 나라의 음식이지만 완전히 한국화 된 음식에는 어떤 것들이 있을까요?

_____

_____

2-2 다문화 사회로 접어든 한국에서 이제는 더 이상 외국인이 우리와 거리가 먼 사람이 아닙니다. 얼마든지 여러분의 이웃, 친구, 가족이 되어 여러분과 함께 식사할 수 있습니다. 만약 여러분이 외국인을 집에 초대해 음식을 대접한다면 어떤 음식을 만들어 주고 싶나요? 한국적이면서도 외국인의 입맛을 고려한 나만의 요리 레시피를 만들어보세요.

요리 제목	
요리에 들어갈 재료	
요리 방법	

문화교류 • 221

후식을 즐겨요

1 '문화교류' 이야기를 더 알아보아요.

다음은 한국관광공사가 '한국인의 친절 알리기' 프로젝트로 제작한 영상의 일부입니다.

1-1 본 영상에는 3명의 외국인이 등장합니다. 이들은 우리나라 사람들이 유럽인이나 미국인처럼 백인에게는 호의적이지만, 동남아시아 사람이나 흑인에게는 안 좋은 시선을 가지고 있다고 이야기합니다. 만약 여러분이 영상 속 연예인을 대신하여 이 흑인 앞에 앉아있다면 어떤 말들을 해 줄 수 있을까요? 진솔한 마음을 담아 표현해 보세요.

2 다양한 매체를 더 만나 보아요.

영화 〈마이 리틀 히어로〉

　영화 〈마이 리틀 히어로〉는 한국인 아버지와 필리핀인 어머니 사이에서 태어난 주인공 '영광'이 뮤지컬 '조선의 왕, 정조'의 아역배우를 뽑는 TV 오디션 프로그램에 참가해 이주민과 그 자녀에 대한 차별과 편견을 극복해 나가는 과정을 그린 영화입니다.

　PD들은 영광이를 적당히 화젯거리를 낳은 후 탈락하는 '버리는 카드'로 사용하려고 합니다. 영광이는 타고난 재능과 순수한 열정으로 피나는 연습을 합니다. 오디션에 참가하는 다른 아이들은 어렸을 때부터 무용 교습소 등을 다녔지만 영광이는 돈이 없어서 뮤지컬을 한 번도 본 적이 없지요. 학교에서는 피부색이 다르다는 이유로 아이들의 차별에 시달리고요. 그런 영광이에게 오디션 도전은 이런 현실에서 벗어날 수 있는 자유로운 공간입니다. 그래서 와이어 연기 연습으로 엉덩이에 물집이 잡히고 피가 나도 연습하는 게 좋다고 합니다. 그런데 영광이가 마침내 결승까지 진출하자 뮤지컬 제작자는 '<u>피부색이 다른 영광이가 조선의 왕 역할을 맡는 것은 좀 그렇다. 게다가 국가에서 한국 대표 문화 상품으로 추진하는 프로젝트다</u>'라며 압력을 넣어 결승 진출을 스스로 포기하게 만듭니다. 영광이를 파이널 무대에 세우면 그동안 영광이를 지도해 온 감독이 학력을 위조했음을 모두에게 밝히겠다는 협박을 한 것입니다. 그러나 감독은 영광이를 위해 자신이 학력을 위조한 사실을 모두에게 밝히고 아이를 참여할 수 있게 해달라고 부탁을 합니다. 그렇게 감독의 희생으로 영광이는 최종 우승을 하게 되고 뮤지컬의 정조 주인공이 되면서 해피엔딩으로 결말이 납니다.

2-1 영화를 직접 보거나 주어진 줄거리를 참고하여 제시된 〈조건〉들에 맞게 한 편의 소감문을 써 봅시다.

〈조건 1〉 평소 우리나라에 거주하는 동남아시아 사람들에 대한 생각이 어땠었는지를 솔직하게 이야기 해 보아요.

〈조건 2〉 주인공 영광이가 한국을 대표하는 조선의 왕 정조 역할을 맡는 것에 대해 찬성하는지 반대하는지 말해보세요. 그렇게 생각한 이유도 함께 적어요.

〈조건 3〉 이 영화가 우리에게 주는 교훈 또는 감동은 어떤 것인지 이야기 해 보아요.

제목 :

3 이런 책들도 함께 읽으면 좋아요.

전 세계적으로 2억 명의 인구가 자신이 태어나고 자란 나라를 떠나 외국에서 살고 있습니다. 이들을 가리켜 국제 이주자라고 하는데, 우리나라의 많은 사람들 역시 해외로 이주하여 살아갑니다. 또 외국인 노동자나 결혼 이민자들이 우리 사회에 늘어가고 있지요. 이들은 어떤 이유에서 국제 이주를 선택한 것일까요?『너는 어느 나라에서 왔니?』는 국제 이주의 역사와 형태, 원인과 결과를 알차게 소개하는 책입니다.

너는 어느 나라에서 왔니? / 리비아 파른느·브뤼노 골드만 지음 / 초록개구리

영규는 브라질로 축구 유학을 가고 싶어 합니다. 세계적으로 유명한 축구 선수가 되는 것이 영규의 꿈이기 때문이죠. 그런 영규에게 좋은 기회가 찾아왔습니다. 친구 준수네 집으로 브라질 할아버지가 이사를 온 것이죠. 브라질 사람에게 직접 축구를 배울 수 있는 좋은 기회가 찾아왔다 생각했지만, 영규는 할아버지에게 축구는 전혀 배우지 못합니다. 대신 할아버지에게 삼바를 배우게 되지요. 그러면서 영규는 서서히 브라질 문화에 관심을 갖게 되고, 애착을 갖게 됩니다. 서로의 문화에 관심을 갖고, 공유하는 것이 관계 형성에 얼마나 중요한지를 이 책은 이야기해 줍니다.

삼바를 추는 축구 소년 / 강효미 지음 / 한솔수북

강에서 수박을 건져온 할아버지. 조심해서 수박을 자르니 어린아이가 나옵니다. 그래서 그의 이름은 수박돌이. 수박돌이에게는 사람들의 병을 낫게 하는 남다른 재주가 있어요. 그런 수박돌이가 깊은 산속에서 길을 헤매다가 거인을 만나게 됩니다. 수박돌이는 거인을 돌보기로 약속해요. 병이 난 거인이 수박돌이를 잡아먹으려 하자 수박돌이는 미리 저장해 두었던 과일을 가져다주고 정성껏 돌봐주었습니다. 과연 수박돌이는 무사히 오두막으로 돌아갔을까요. 태국의 시골 모습, 생활환경을 그림으로 확인해보아요.

태국에서 온 수박돌이 / 김민선 지음 / 정인출판사

이 책은 "우리는 생김새나 문화가 다르다는 것에 너무 주의를 기울인 나머지 우리가 다 같은 사람이라는 것을 잊고 있어요. 너와 나는 같다. 우리는 같은 사람이다. 그 외의 모든 것은 다르다. 이것을 매순간 기억한다면 차별과 불공평, 왕따와 따돌림은 눈 녹듯 사라질 수 있어요."라고 이야기합니다. 이 책은 다문화 사회 전반(다문화 사회의 세계사적인 배경, 철학적 배경, 사회학적 배경, 심리학적인 배경)에 대하여 진지하게 탐구하며, 일목요연하게 정리한 책입니다.

다문화백과사전 / 채인선 지음 / 한권의 책

우리민족은 정말 단일민족일까요? 그러나 지금 우리가 쓰고 있는 성씨의 80%가 외국에서 들어온 성씨라고 합니다. 그들은 무슨 이유로 우리나라에 왔을까요? 우리의 역사 속에 등장하는 외국인들은 결혼을 하러, 배를 타고 항해하다 표류하여, 외국 사신으로, 배에 물건을 싣고 장사를 하러 온 사람들입니다. 이 책에서는 인도 공주 허황옥, 아라비아 상인 처용, 안남국 왕자 이용상, 일본 장수 김충선, 네덜란드 선원 박연을 통해 당시의 생생한 역사 이야기들을 들려줍니다.

우리 역사에 뿌리내린 외국인들 / 정혜원 지음 / 해와 나무

한글은 우리가 잘 알다시피 세종대왕이 만들었습니다. 그렇다면 한자는 누가 만들었을까요? 이 책은 한자를 처음 만든 창힐이라는 사람의 이야기예요. 그가 글자를 만든 까닭은 종이도 연필도 없던 시절 무언가를 기억하는 것이 어려웠기 때문이지요. 그는 사물의 모양을 부호로 만들어서 글자를 만들어내지요. 글자 만드는 일에 조금씩 게으름을 부리던 그 때, 한 노인의 질문에 창힐은 자신의 실수를 깨닫게 됩니다. 창힐은 어떤 실수를 했던 것일까요. 이때부터 창힐은 더욱더 신중하게 글자를 만들게 되지요.

이 책의 그림들을 통해 중국의 문화와 한국의 문화가 참 많이 닮아있음을 확인할 수 있습니다.

글자를 만든 창힐 / 장소 지음 / 정인출판사

1. 다문화 속 '세계시민'에 대해 알아보아요.

아태교육원 세계시민-국제기구 체험관, 청소년 및 교육자들에게 세계시민교육 체험 기회 제공

아태교육원이 국내외 청소년에게 '세계시민-국제기구 체험관' 프로그램을 제공하고 있다. '세계시민-국제기구 체험관'은 세계시민관과 국제기구관으로 구성된 전시 및 활동 공간으로, 청소년들이 체험 활동을 통해 세계시민교육을 체험할 수 있다.

'세계시민-국제기구 체험관'은 모의 유네스코 총회, 평화 쓰기, 세계시민 슬로건 만들기, 나의 세계시민 유형 찾기, 가상 난민체험하기, 나만의 지속가능발전목표 만들기 등 다양한 체험 프로그램으로 구성되어 있다. 아태교육원은 체험 활동을 마친 참가자들에게 세계시민 여권을 발급하고 있다.

국제기구관에서 참가자들은 문화재 환수, 난민, 식량 안보 등 글로벌 이슈들을 의제로 한 모의 유네스코 총회에 각국의 대표단으로 참여하여 결의안을 만들어보면서 지구촌 문제를 해결하기 위한 국제사회의 노력에 참여해본다.

세계시민관에서는 각종 전시물을 통해 세계시민교육의 개념을 이해할 뿐 아니라, 세계시민 역량지수 측정을 통해 멀리 보는 기린형, 공감하는 카멜레온형, 소통하는 코끼리형, 날쌘돌이 돌고래형 등 자신의 세계시민 유형을 파악할 수 있게 된다.

또한 유네스코가 주최했던 '평화쓰기(Writing Peace)' 전시회의 기본 개념을 적용한 코너에서 참가자들은 직접 27개 언어로 '평화'라는 단어를 써보고, 이를 이용해 '평화 엽서 보내기' 및 '세계시민 슬로건 콜라주 만들기'도 할 수 있다.

〈출처 : http://www.unescoapceiu.org/〉

선생님, 학부모님, 학생들이 함께하는 세계시민 자가진단!

과연 당신의 세계시민 점수는? 여러분의 점수를 더해 보세요!

(그렇다 : 5점, 보통이다 : 3점, 아니다 : 1점)

순서	질문	그렇다	보통이다	아니다
1	나는 지구촌이라는 단어를 실감한다.			
2	우리나라와 세계 여러 나라 사이의 관계가 더욱 돈독해져야 한다고 생각한다.			
3	외국인 친구와 같은 교실에서 공부한다면 다른 친구와 똑같이 대할 것이다.			
4	나는 서로 다른 생각을 가진 사람들과 협력하여 문제해결하는 것을 좋아한다.			
5	어떤 나라가 못하는 것은 지구촌 공동의 문제이므로 도와줘야 한다고 생각한다.			
6	나의 행동이 지구촌에 영향을 미칠 수 있다고 생각한다.			
7	다른 문화권의 사람들과 스스럼없이 어울릴 수 있다.			
8	전쟁, 가난, 환경파괴 등 세계의 문제를 해결하는 일에 참여한 적이 있다.(자원봉사나 기부)			
9	최근 한 달 이내에 일어난 지구촌 이슈를 다른 사람에게 설명할 수 있다.			
10	지구상의 물이 부족한 것과 나와 관련이 있다고 생각한다.			

50~40점 : 아름드리(당신은 이미 훌륭한 세계시민이군요!)
35~25점 : 묘목(완벽한 세계시민으로 성장하고 있는 당신! 조금만 더 세계 이야기에 관심을 기울여주세요~)
20~10점 : 새싹(세계 시민 의식을 갖기 시작하셨군요! 차근차근 세계시민으로 나아가주세요.)
5~0점 : 씨앗(우리는 더 이상 세계와 단절되어 존재할 수 없답니다. 마음을 열고 세계와 내가 어떻게 연결돼 있는지 알아보는 것은 어떨까요?)

〈출처 : http://seouleducation.tistory.com-서울시 교육청 티스토리〉

2. 다문화 사회에서 '세계시민'은 왜 중요할까요?

세계시민이란

특정 국가의 국민으로서만이 아니라 인류 공동체의 일원으로서 세계 공동체 의식을 가지고 지구촌 문제 해결을 위해 협력하는 사람을 세계 시민이라고 한다.

'시민'이 도시 또는 국가의 구성원으로서 정치적 권리를 지닌 주체를 가리킨다면, '세계 시민'은 세계를 구성하며 세계의 모든 인류는 평등하다는 입장을 기본으로 한다. 세계 시민은 어느 특정 국가나 집단에 국한되어서는 안 된다. 대신 국가를 초월한 반성과 참여 및 협동이 강조되고 그것을 위해 행동하는 시민성을 갖추어야 한다.

세계 시민의 바람직한 예를 들면, 영국 변호사 피터 베네슨은 인권 문제 개선을 위해 국제 사면 위원회(Amnesty International)를 창설하여 세계 평화와 인권 보호에 기여하였다. 또 우리나라도 개발 도상 국가와의 상호 교류를 증진하고 경제·사회 발전을 지원하는 한국 국제 협력단(KOICA)를 운영하고 있다.

바람직한 세계 시민의 자세란

오늘날의 세계는 다양한 영역에서 서로 긴밀하게 영향을 주고받는 거대한 지구촌 사회로 변모하였다. 즉, 특정한 지역에서 일어나는 사건이나 현상이 그 지역에만 국한되지 않고 전 세계에 영향을 미치는 일들이 많아지고 있다. 2008년 미국을 강타했던 금융 위기가 우리나라를 포함한 전 세계 금융 시장에 심각한 위기를 가져온 경우나, 세계를 무대로 활동하는 국내 기업의 사례가 이러한 변화를 잘 보여 주는 단편적인 예이다.

현대 사회에서는 어느 한 국가나 특정 지역의 문제라는 식의 사고는 더는 의미가 없다. 특정한 사건이나 사고, 문제나 현상이 전 세계적으로 복합적인 영향력을 행사한다는 점에서, 현대 사회의 시민은 지구촌 공동체의 구성원이라는 연대감을 가지고, 세계에서 발생하는 다양한 사안에 관해서 관심과 참여 의식을 가질 필요가 있다. 특히 국제 평화를 추구하고 보편적인 인권 존중의 의식을 함양하는 것은 매우 중요하다. 나아가 "세계적으로 사고하고 지역적으로 행동하라."는 명언처럼, 세계적 수준에서 문제의식을 느끼고 국제 사회의 개선과 발전을 위해 고민하되 늘 지역적 수준에서 현실을 고려하여 실천할 수 있는 '세계 시민의 안목'을 가져야 할 것이다.

1. '세계시민'을 위한 첫 번째 책을 만나요

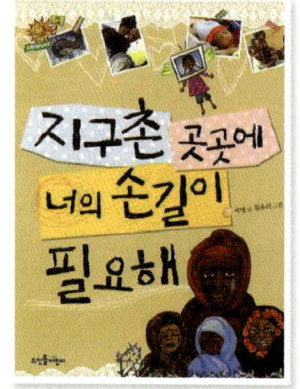

관련 핵심역량

자기관리역량, 의사소통 역량,
공동체 역량

예영 지음 / 황유리 그림 / 뜨인돌어린이

어떻게 읽을까요?

1. 세계의 여러 나라들이 어떤 연관성을 가지며 살아가고 있는지 생각하면 읽어요.
2. 나의 작은 행동 하나하나가 다른 나라에 사는 사람들에게 어떤 영향을 미칠지를 생각하며 읽어요.
3. 세계시민으로서 세계의 발전을 위해서 어떤 점을 노력해야 하는지 생각하며 읽어요.

어떤 내용일까요?

　전쟁, 기아, 자연재해 절망 속에서 살아가는 지구촌 사람들의 어려운 현실을 바탕으로 구성한 창작 동화입니다. 이야기를 통해 세계 곳곳의 어려움에 처한 사람들에게 도움의 손길을 주고 있는 국제 협력 기구들과 전 세계 자원봉사자들에 대해 소개합니다. 세계 협력 기구들의 활동 모습뿐 아니라 우리 주변에서 벌이고 있는 다양한 캠페인을 소개하고 있습니다.

　사회적 약자인 아동과 여성의 인권을 지켜 주고, 지구 온난화의 심각성을 알리고, 자연재해나 전쟁으로 인해 다친 사람들을 구호하고, 기아와 빈곤을 없애고자 모금 활동을 펼치는 등 지구촌에 문제가 생길 때마다 발빠르게 도움의 손길을 뻗치는 생생한 활동 모습을 보며 어린이들은 국경, 인종, 종교를 초월하여 지구촌 사람들의 어려움과 고통을 함께 나누는 세계시민의식에 대해 배우게 될 것입니다.

 **마음을 열어요**

1. 우리는 요즘 '지구촌'이라는 말을 자주 씁니다. 1945년 공상 과학 소설가인 클라크가 처음 썼던 말입니다. '지구촌'이라는 낱말이 무슨 뜻일지 설명해보세요. 설명하기 어렵다면 예를 들어서 설명하거나 국어사전을 사용하여 뜻을 알아보세요.

2. 우리들은 생활 속에서 많은 음식과 물건등을 먹거나 사용하고 합니다. 또는 텔레비전이나 컴퓨터로 다양한 프로그램이나 영상등을 시청하기도 합니다. 생활 속 물건과 음식, 프로그램등 중에는 우리나라에서 만들어지는 것도 있지만 다른 나라에서 생산되어 수입되어지는 것들도 많습니다. 어떤 음식과 물건, 영상매체들이 있는지 마인드맵에 생각나는 대로 적어보세요.

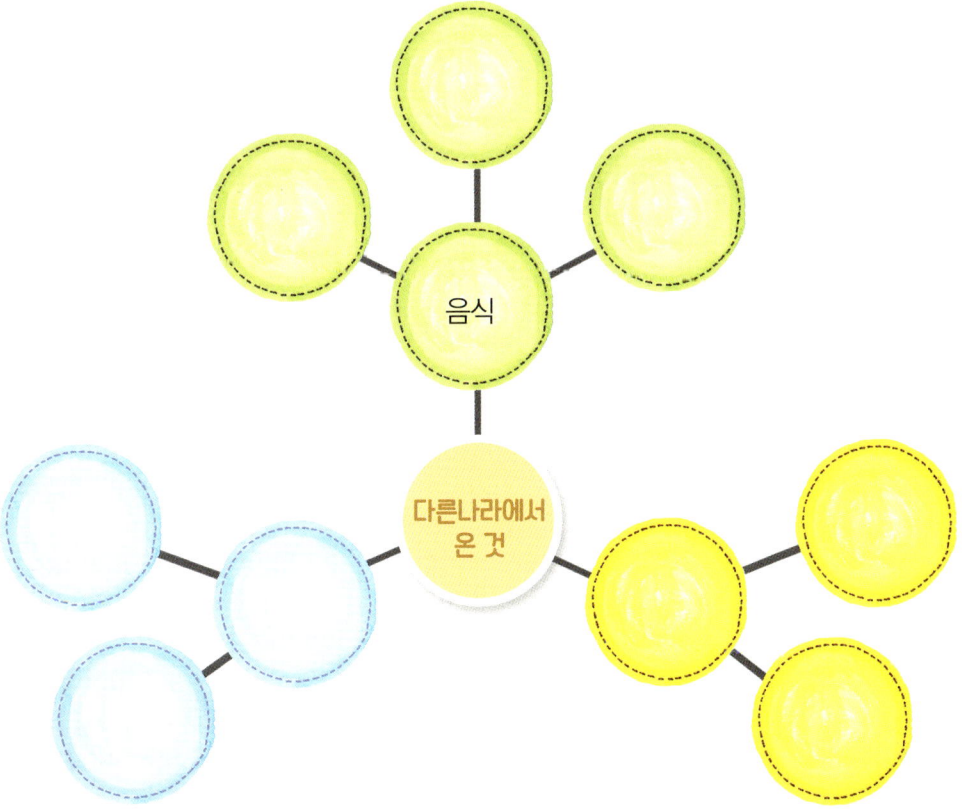

3. 여러분이 생활 속에서 사용하는 것들 중에서 다른 나라에서 생산되어 수입되어지는 것에는 어떤 것이 있는지 한 가지를 선택하고, 그 물건이 여러분의 손으로 들어오기까지의 과정을 예상해서 써 보세요.

> **보기** 아프리카에서 카카오를 재배 → 카카오수확 → 트럭에 카카오 열매를 싣고 아프리카 항구로 이동 → 배에 싣고 한국에 도착 → 트럭에 싣고 초콜렛 공장으로 이동 → 초콜렛가게 → 나

4. 위에서 설명한 물건이나 음식을 이제는 사용하거나 먹을 수 없다고 상상해 보세요. 여러분의 생활은 어떻게 변하고, 어떤 느낌이 들까요?

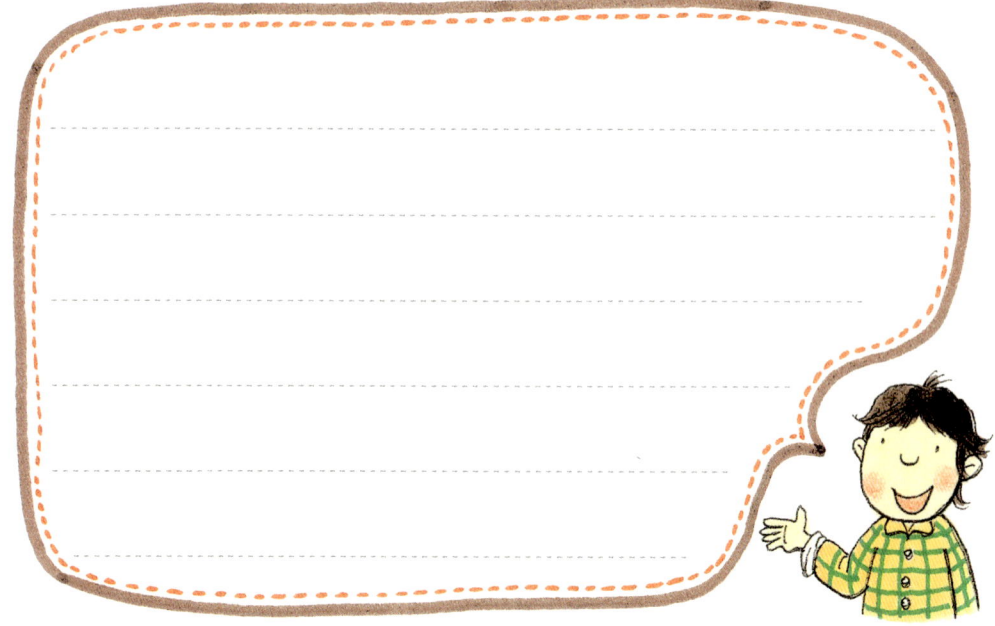

 **차근차근 맛보기**　　내용을 이해해요

1 다음을 읽고 책의 내용과 일치하면 ○, 일치하지 않으면 ×표를 해보세요.

(1) 카카오 농장에서 일하는 '마리암'은 초콜릿을 먹어본 적이 있다.	(　)
(2) 투발루에 사는 '마누아'가 자주 이사를 가야하는 문제를 해결하기 위해서는 투발루와 여러 나라가 함께 해결해야 한다.	(　)
(3) 아프리카에서는 할례 의식으로 목숨을 잃는 여자아이가 많다.	(　)
(4) 아프리카 케냐에 사는 '사무엘'이 떠가는 물은 '희망의 물'이다.	(　)
(5) 고향이 르완다의 '샘'은 고향을 떠나 콩고민주공화국으로 피난을 떠났다.	(　)
(6) 수단의 '라엘'은 자기 원해서 소년병이 되었다.	(　)
(7) 탄자니아의 잠비니아 마을에는 콜레라라는 전염병이 돌아서 많은 사람이 죽었다.	(　)

2 지구촌에서는 매일매일 전쟁, 기아, 환경오염 등 여러 기지 문제들이 발생하고 있습니다. 이런 문제를 해결하기 위해서는 사람들은 무엇을 하고 있는지 설명해 보세요.

_____

_____

_____

> **tip** 기아 : 오랜 기간 동안 계속되는 심한 식량부족으로 지속적인 굶주림을 겪거나 죽음에 이르는 일

세계시민 • **235**

3 만약 이런 일들을 신경쓰지 않고 해결하지 않는다면 지구는 어떻게 될까요?

_____

_____

_____

4 위의 문제들을 해결하고 더 나은 지구촌을 만들기 위해서 다양한 국제협력 단체들과 자원봉사단체들이 있습니다. 각 단체들은 하는 일이 조금씩 다릅니다. 각 단체와 하는 일들을 연결해 보아요.

깨끗한 지구, 물, 공기를 위해 노력하는 단체	그린피스
세계평화에 기여하고 인권을 수호하는 단체	월드비전
고통 받는 어린이들을 위한 국제구호개발지구	세이브더칠드런
전 세계의 빈곤 아동을 돕는 국제기구	국제연합
세계인의 건강 지킴 단체	국경없는 의사회
고통 받는 세계 주민들을 돕는 국제 민간 의료 구호단체	세계보건기구
전쟁 방지와 평화 유지를 위한 국제기구	국제앰네스티

 다양한 맛 즐기기   넓고 깊게 생각해요

1-1 『지구촌 곳곳에 너의 손길이 필요해』의 카카오 농장에서 일하는 마리암은 여러분과 비슷한 나이의 어린입니다. 하지만 마리암은 여러분과 다른 생활을 하고 있습니다. 여러분의 하루 생활과 이야기에 나오는 마리암과의 하루 생활을 기록표를 적어서 비교해 보아요.

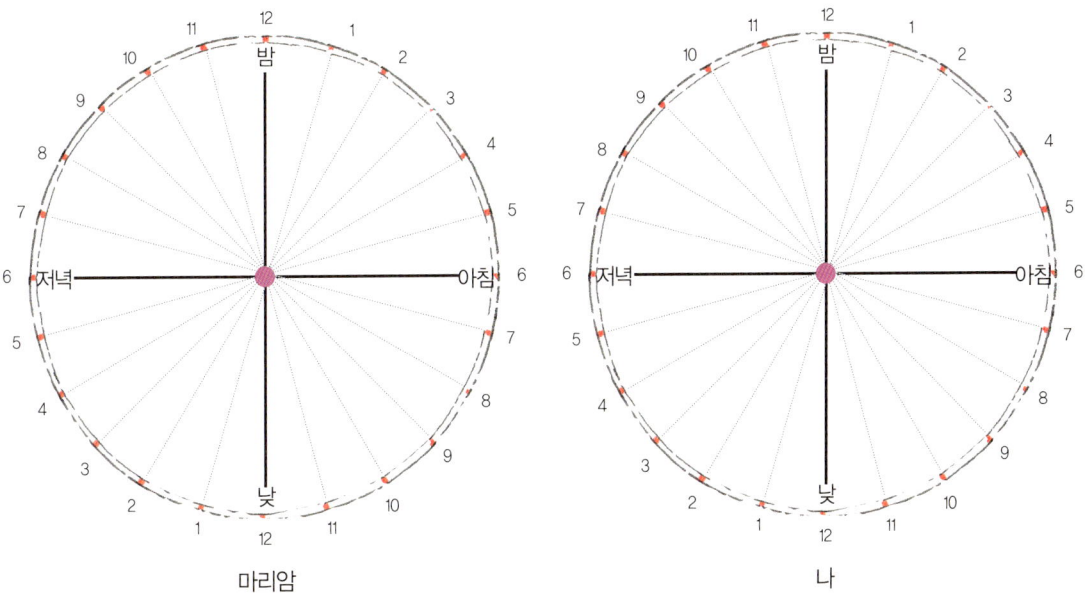

마리암   나

1-2 똑같은 시내에 살지만 여러분과 너무 다른 생활을 하는 어린이들을 생각해보세요. 마리암과 같은 어린이와 여러분의 생활을 비교하여 볼 때 여러분의 이떤 느낌이 드는지 써보세요.

1-3 마리암이 여러분과 같은 생활을 할 수 있도록 여러분이 할 수 있는 일은 무엇이 있을까요?

2-1 『세계를 바꾸는 착한 초콜릿 이야기』에는 다양한 나라에 살고 있는 여러분 나이 또래의 친구들 이야기가 나옵니다. 우리나라와 각 나라의 위치를 지도에서 찾아서 표시해 보고 우리나라와의 거리를 생각해봅시다.

친구들 이름	친구들이 사는 곳
축구공을 만드는 '모한'	파키스탄
초콜릿의 재료인 카카오를 재배하는 '올리비에'	코트디부아르
바나나를 재배하고 파는 '까묵'의 아빠와 삼촌	에콰도르
커피 농장에서 일을 하시는 '에라스모'의 엄마와 아빠	니카라과
목화를 따는 일을 하시는 '말라쿤'의 아빠와 엄마	인도

2-2 축구공, 초콜릿, 바나나, 커피, 목화는 우리가 평소에 많이 사용하는 물건들입니다. 만약 그들이 이런 물건을 생산하지 못한다면 우리의 생활은 어떻게 변할까요? 또, 여러분은 어떤 기분이 들지 설명해보세요.

3-1 '공정'의 의미가 무엇인지 설명해 보세요.

3-2 여러분은 공정하지 못한 대우를 받아 본 적이 있나요? 그런 경험이 있다면 그 일을 자세하게 설명하고 그 때 기분이 어땠는지 써 보세요. 만약 자기에게 그런 경험이 없다면 옆에서 보거나 들은 이야기를 써도 괜찮아요.

3-3 여러분이 자주 먹는 초콜릿의 재료는 카카오입니다. 카카오 농장에서 일하는 마리암과 올리비에는 자신이 일한 댓가를 공정하게 받지 못하고 일하고 있습니다. 마리암과 올리비에가 공정한 댓가를 받을 수 있도록 여러분이 할 수 있는 일은 무엇일까요?

4 다음을 읽고 답해보세요.

나비효과라는 말을 들어본 적 있습니까? 나비효과란 나비의 날개 짓처럼 아주 작고 경미한 일이 지구 반대편에서는 태풍을 일으킬 수 있다는 과학 이론입니다.

『코끼리와 숲과 감자칩』이라는 책을 보면 보르네오 섬의 코끼리는 힘들게 강을 건넙니다. 이유는 숲이 줄어들어 먹을 것이 부족하기 때문입니다. 숲은 감자칩을 만드는 기름의 재료인 팜유를 만들기 위해 팜나무가 마구 잘려서 줄어들었습니다. 결국에는 내가 먹은 감자칩 때문에 팜나무가 잘리고 숲이 줄어들어 지구 반대편의 코끼리는 건널 필요가 없는 강을 힘들게 건너게 되는 것입니다.

우리나라는 봄마다 황사 때문에 몸살을 앓고 있습니다. 황사란 중국이나 몽골의 사막에 있는 모래와 먼지가 바람을 타고 날아가 서서히 가라앉는 현상을 말한다. 흙비라고도 한다. 요즘에는 중국의 공장의 더러운 연기와 자동차의 매연등의 미세먼지도 문제가 되고 있습니다. 이런 황사와 미세먼지는 중국뿐만 아니라 대한민국, 일본에까지 영향을 끼치고 있습니다.

4-1 황사는 어디서 시작해서 누가 피해를 입고 있나 써 보세요.

4-2 황사문제를 해결하기 위해서 우리가 우리나라에서 뿐 만 아니라 중국과 몽골에서 할 수 있는 일은 무엇일지 설명해 보세요.

 **함께 맛 나누기** 독서 토론을 해요

> 공정무역이란 생산자에게 정당한 대가를 지불하면서 소비자에게는 좀 더 좋은 제품을 공급하는 윤리적인 무역을 말합니다.
>
> 우리가 사먹는 커피, 초콜릿, 설탕 등은 매우 가난한 나라에서 수입한 것들입니다. 그런데 이 상품을 재배하는 농부들은 자기 땅도 없어 대기업이 소유한 농장에서 농사를 짓습니다. 그래서 아무리 많은 고생을 해도 그 노동의 대가는 대기업과 중간유통회사가 거의 대부분을 가져가 버립니다. 즉 우리가 사먹는 초콜릿 가격의 아주 조금만이 생산한 농부들에게 돌아가는 것입니다. 이는 매우 불공평한 구조이기 때문에 이를 바로 잡고자하는 것이 공정무역입니다.

1 요즘 공정무역제품들이 주위에서 점점 많아지고 있습니다. 일반 상품보다 공정무역을 사용하자는 캠페인도 합니다. 하지만 공정무역제품들은 일반상품에 비해 비쌉니다. 여러분이 좋아하는 초콜릿이 여기 있습니다. 공정무역을 통한 초콜릿과 그렇지 않은 초콜릿이 있습니다. 공정무역 초콜릿을 사 먹어야 할까요? 여러분의 의견을 말해보세요.

찬성 : 공정무역 초콜릿을 사 먹어야 한다.

근거 1)
근거 2)
근거 3)

반대 : 공정무역 초콜릿은 사 먹을 필요가 없다.

근거 1)
근거 2)
근거 3)

『지구촌 곳곳에 너의 손길이 필요해』의 카카오 농장에서 일하는 마리암은 아동 노동을 하고 있습니다. 유니세프 한국위원회에 따르면 인도 소년 다모르(13)는 열살이 되던 해 학교를 그만두고 집을 떠나 면화공장에 들어갔다고 합니다. 다모르는 매일 오전 4시에 일어나 아침도 먹지 못하고 하루 14시간의 고된 노동을 하고 일이 끝나면 배급 받은 밀가루 만으로 저녁식사를 해결해야만 했습니다. 다모르는 돈이 없이 농장에 들어와 농장주에게 빚을 졌습니다. 그는 얼마나 많은 돈을 갚아야 하는지도 모른채 일을 시작했고 3개월간 꼬박 일을 한 후 겨우 1000루피(한화 12000원 상당)만 손에 쥘 수 있었습니다. 국제노동기구는 17세 이하 어린이 가운데 약 2억4천만명의 어린이가 노동에 시달리고 있다고 합니다. 많은 사람들이 아동노동을 반대합니다.

하지만 다모르는 너무 가난해서 당장 그 일이 아니면 먹고 살기도 힘듭니다. 그 일이 아니면 굶어 죽거나 구걸을 해야합니다. 게다가 볼리비아라는 나라는 10세 어린이 노동을 합법화하고 있고 아동노동을 인정하는 사람들도 있습니다.

2 아동노동을 반대해야 할까요? 합법화하여 인정해 줘야할까요?

찬성 : 아동노동을 합법화 하여 인정해 줘야한다.

근거 1)
근거 2)
근거 3)

반대 : 아동노동은 절대 인정해서는 안 된다.

근거 1)
근거 2)
근거 3)

tip 합법화 : 정부가 어떤 일이나 행위 따위를 법에 맞는 것으로 만들다.

3 교차질의식 독서토론을 해 보세요.

대상도서	지구촌 곳곳에 너의 손길이 필요해 – 열세살의 사형수	
주제	라엘 불다우의 사형은 정당하다	
	찬성	반대
주장	라엘 불다우는 사형시켜야 한다.	라엘 불다우는 사형시켜서는 안 된다.
주장의 이유		
주장의 근거		
예상되는 반론 및 예상 반론 꺾기		
정리		

* 부록1)을 참고해 주세요.

세계시민 • 243

 **쓱싹 쓱싹 요리하기** 재미있는 독서 글을 써요

국제기구

국제기구는 어떤 국제적인 목적이나 활동을 위해서 두 나라 이상의 회원국으로 구성된 조직입니다. 세계에는 많은 나라들이 있고 여러 방면으로 교류를 하며 서로 영향을 주고 받고 있습니다. 각 나라의 이해 관계가 달라서 나라 사이에는 경제, 정치적 문제나 환경 문제와 같은 갈등이 발생하게 되었습니다. 그래서 각 나라들이 지켜야 할 약속을 만들거나 갈등을 중재해 줄 단체가 필요하게 되었습니다.

대표적인 국제기구는 국제연합(UN, United Nations)입니다. 국제연합은 세계 여러 나라 사이에 다툼이나 전쟁이 일어나면 이를 평화적으로 해결하기 위해 노력하고, 국제 협력을 통해서 전 세계 모든 나라의 인권이 신장되도록 힘씁니다. 우리나라의 반기문이 제8대 사무총장을 맡았었습니다. 이 밖에도 세계무역기구(WTO), 세계보건기구(WHO), 세계노동기구(ILO), 국제금융기구(IMF), 유럽 연합(EU) 등 2000개가 넘는 국제기구가 있습니다.

비정부기구

비정부 기구(Non-Governmental Organization, NGO)는 어떠한 종류의 정부도 간섭하지 않고, 시민 개개인 또는 민간 단체들에 의해 조직되는 단체를 의미합니다. 비정부 단체, 비정부 조직이라고도 불립니다. 정부로부터 자금 지원을 받는 경우에도 비정부 기구는 정부 관계자를 회원에서 제외시킴으로써 민간 단체로서의 성격을 유지합니다. 다양한 단체들이 19세기 중반에 반노예제, 여성인권운동, 군비축소 등에 중점을 두고 조직되기 시작하였지만, 비정부 기구라는 용어는 1945년 국제연합 설립과 함께 국가가 아닌 기구를 설명하기 위해 본격적으로 사용되기 시작 했습니다. 세계화로 인한 다양한 사회 문제를 해결하기 위해서 새로운 유형의 단체가 필요했습니다. 비정부 기구는 인권문제, 지속가능한 개발, 저개발국 지원, 긴급구호 등 다양한 사항에 중점을 두고 활동을 하고 있습니다. 국경없는 의사회, 그린피스 등이 있습니다.

유엔

유니세프

유네스코

국경없는 의사회

그린피스

월드비전

1. 세계의 문제를 해결하기 위한 다양한 국제기구, 비정부기구들이 있습니다. 여러분이 새로운 국제기구나 비정부기구를 만든다면 어떤 종류의 기구를 만들고 싶은지 상상해보고, 기구의 마크를 제작해봅시다.

기구의 이름	
기구가 하는 일	
기구를 만든 이유	
기구의 마크	

세계 청소년 자원 봉사의 날

아프리카 부족에 대해 연구 중이던 어느 인류학자가 한 부족 아이들을 모아놓고 게임 하나를 제안했습니다. 나무 옆에 싱싱하고 달콤한, 아프리카에선 보기 드문 딸기가 가득 찬 바구니를 놓고 누구든 먼저 바구니까지 뛰어간 아이에게 과일을 모두 주겠노라고 했습니다. 인류학자의 예상과는 달리 그의 말이 통역되어 아이들에게 전달되자마자 아이들은 마치 미리 약속이라도 한 듯 서로의 손을 잡았습니다. 그리고 손에 손을 잡은 채 함께 달리기 시작했습니다. 그리고 아이들은 바구니에 다다르자 모두 함께 둘러앉아 입 안 가득 과일을 베어 물고 키득거리며 재미나게 나누어 먹었습니다.

인류학자는 아이들에게

"누구든 일등으로 간 사람에게 모든 과일을 주려 했는데 왜 손을 잡고 같이 달렸느냐"라고 물었습니다.

그러자 아이들의 입에선 "우분투(UBUNTU)"라는 단어가 합창하듯 쏟아졌습니다.

'우분투(UBUNTU)'는 아프리카 코사(Xhosa)어로 '우리가 있기에 내가 있다'라는 뜻이라고 합니다.

그리고 한 아이가 이렇게 덧붙였습니다. "나머지 다른 아이들이 다 슬픈데 어떻게 나만 기분 좋을 수가 있는 거죠?"

우리가 사는 세상은 혼자가 아니라 모두가 더불어 살아야지 더 행복할 수 있습니다. 세계시민으로서 우리도 서로를 돕고 이해하는 사람이 되어야 할 것입니다. 그것을 실천하는 행동 중에 하나가 자원봉사입니다.

우리가 살아가는 공동체가 조금 더 진보하고 발전하도록 청소년이 직접 참여하고 변화를 일으키는 다짐과 실천의 날인 세계 청소년 자원 봉사의 날(Global Youth Service Day)은 매년 4월에 전 세계적으로 개최되는 행사로 1988년 시작되어 현재 세계에서 규모가 가장 크고 오래된 봉사관련 행사로, 해마다 120개 국가에서 기념되고 있으며, 청소년이 중심이 되는 유일한 봉사의 날입니다.

2 여러분은 스스로 느끼지 못하더라도 이미 세계시민으로서 살아가고 있습니다. 그러므로 세계시민으로서의 책임과 노력을 다하는 것이 바른 시민의 자세일 것입니다. 현재 세계 여러 곳에서 일어나는 불평등, 빈곤, 위험을 위해 여러분은 무엇을 할 수 있을 까요? 여러분이 해외자원봉사를 떠난다고 생각하고 해외자원봉사 계획서를 써봅시다.

해외자원봉사 계획서

자원봉사 할 국가	
자원 봉사 목적	
자원 봉사 방법 및 내용	
준비사항 (-봉사할 국가의 문화, -간단한 인사말 등)	

세계시민 • 247

2. '세계시민'을 위한 두 번째 책을 만나요

관련 핵심역량

자기관리역량, 심미적 감성 역량,
의사소통 역량, 공동체 역량

카렌 린 윌리엄스, 카드라 모하메드 지음 / 둑 체이카 그림
맑은가람

어떻게 읽을까요?

1. 우리나라에 살고 있는 다문화 친구들 중 자신의 나라에서 어려움을 겪고 온 친구들은 없는지 살피면서 읽어요.
2. 어려움을 겪고 온 다문화 친구들을 위해서 우리가 할 수 있는 일은 무엇이 있을지 생각하며 읽어요.

어떤 내용일까요?

　전쟁으로 집과 가정을 잃은 아프간 난민촌 소녀 리나와 페로자의 우정을 그린 이야기로, 난민촌의 어려움과 아프간 난민들의 생활상을 보여줍니다. 또한 전쟁으로 피폐해진 삶 가운데 피어난 인간애를 느낄 수 있습니다. 전쟁, 기아, 환경 등의 문제는 지구촌 사람들이 함께 힘을 모아야만 해결할 수 있다는 것을 어린이 독자들에게 깨닫게 만들어 줍니다.

 **미리 맛보기** 마음을 열어요

1 국제 싱크탱크(ThinkTank)인 경제평화연구소(IEP)에서는 매년 전세계 평화지수를 발표합니다. 색이 파랄수록 평화롭고 붉을수록 평화롭지 못한 것을 나타냅니다. 이 지수는 군사예산, 무기수출, 죄수규모, 범죄수준, 테러공격위험, 사회·정치적 갈등, 인접 국가와의 관계 등 23가지 지표를 종합해 평화지수를 발표하고 있습니다. 우리나라는 2007년과 2008년 32위, 2009년 33위, 2010년 43위, 2011년 50위… 2016년에는 53위를 차지하고 있습니다.

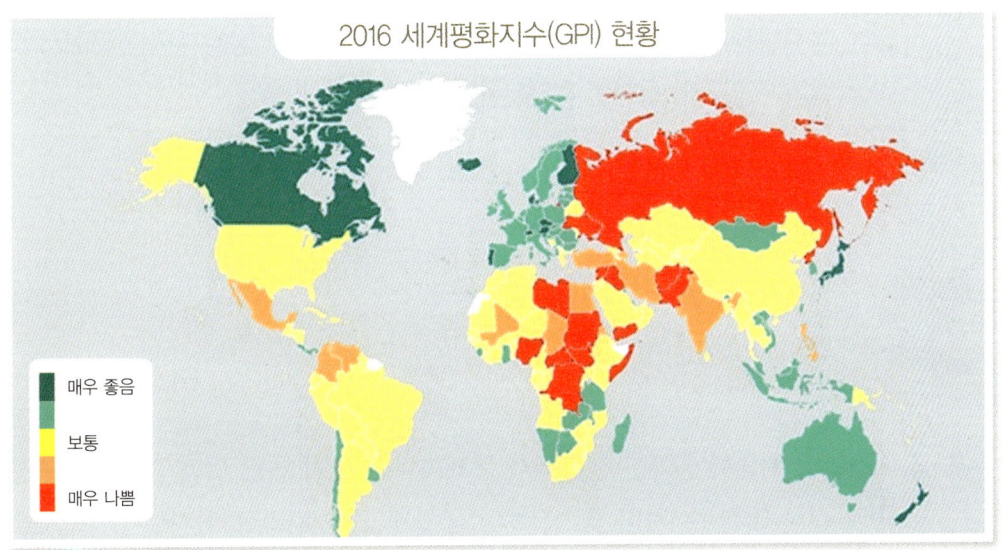

〈사진출처 : http://www.focus.kr〉

1-1 한국은 어떤 색인가요?

1-2 한국의 순위는 점점 어떻게 변하고 있나요? 순위의 변화가 나타내는 의미가 무엇인가요?

2-1 세계의 많은 나라들은 과거에 전쟁을 했거나 현재 전쟁을 하고 있는 나라들이 있습니다. 왜 전쟁을 하는 걸까요?

2-2 만약 여러분이 전쟁, 천재지변, 종교 또는 정치와 같은 사상적 원인등으로 곤경에 빠져 위험을 느끼고 괴롭힘을 피해 어쩔 수 없이 당장 우리나라에서 더 이상 살기가 힘들어 진다면 여러분은 어떻게 하겠습니까?

2-3 여러분이 위에서 설명한 상황에서 문제를 해결하기 위한 여러 가지 해결방법 중에 결국 어쩔 수 없이 쫓겨가듯이 급하게 다른 나라로 가기로 결정하였습니다. 이런 사람들을 무엇이라고 부를까요?

2-4 여러분이 난민의 입장이 된다면 어떤 기분일까요? 난민의 일은 다른 사람의 일이라고 말할 수 있을까요?

차근차근 맛보기   내용을 이해해요

1 리나와 페로자가 살고 있는 곳은 어디인가요?

2 리나와 페로자는 왜 난민촌으로 오게 되었고, 지금은 누구와 난민촌에서 살고 있나요?

3 난민촌에는 많은 사람들이 살고 있습니다. 많은 사람들이 함께 살고 있어 불편한 점들이 많습니다. 어떤 점이 불편할까요?

4 난민촌에 사는 리나와 페로자가 난민촌에서 어떻게 친구가 되었나요?

5 노란 샌들 한 짝씩을 가지게 된 리나와 페로자에게 노란 샌들은 어떻게 신기로 하였나요?

6 리나가 미국으로 가게 되었을 때 리나와 페로자는 서로 무엇을 나누어 가지며 다시 만날 날을 약속했나요?

 다양한 맛 즐기기 넓고 깊게 생각해요

1992년 유엔난민협약에 가입한 우리나라는 2012년 아시아 최초로 난민법을 제정했습니다. 유엔이 인정한 난민수용국도 아시아에서는 우리와 일본뿐입니다. 제도로는 어디에 내놓아도 손색없지만, 우리나라는 여러 사회문제를 우려해 엄격한 심사기준을 적용하여 난민이 우리나라에서 살기란 굉장히 어렵습니다. 1994년부터 지난 2015년 7월까지 국내에 난민을 신청한 1만 2208명 중 난민 자격을 얻은 사람은 522명뿐입니다. 난민 신청자 수는 해마다 급증하고 있습니다. 세계의 불안정한 상황은 난민의 수를 점점 증가시키고 있습니다.

1 우리나라에도 난민으로 입국해 우리의 다문화 친구로 살고 있는 친구들도 있을 것이다. 여러분이 리나가 되어 우리나라에서 살게 되었다고 생각하고 난민촌에 남아 있을 페로자에게 편지를 써봅시다.

의자에 앉아 공부하는 아이들

　우리는 여덟 살이 되면 자연스럽게 초등학교에 입학하고, 이어 중고등학교에 다닐 수 있기에 교육은 너무나 당연한 '일상'일지 모릅니다. 하지만 많은 것을 잃고 피난을 떠난 난민 아이들에게 교육은 '특권'입니다. 현재 전 세계 난민 중 절반은 18세 이하의 아이들입니다. 이러한 난민 아동 중 절반만이 초등교육을 받고 있고, 25%만이 중등교육을 받고 있으며, 단 1%만이 고등교육을 접할 기회를 얻고 있습니다. 많은 아이들이 생계비와 학비를 벌기 위해 어린 나이에 노동을 시작하고 있습니다.

　수단 누바(Nuba)산에서 온 10살짜리 난민 소년 야콥 이브라힘(Yacob Ibrahim)은 남수단 이다 근처의 호수에서 물고기를 잡습니다. 야콥의 가족은 3년 전 수단을 떠나왔으며 지금은 수천 명의 다른 난민들과 함께 이다에서 살고 있습니다.

　"저는 학교에서 필요한 연필과 연습장을 사기 위해 물고기 잡는 일을 해요. 저는 주로 주말에, 가끔은 주중에 물고기를 잡으러 와요."

―야콥―

〈출처 : http://cafe.daum.net/africa-dream 꿈꾸는 아프리카〉

2-1 위의 글을 읽고 여러분의 생활과 난민촌 아이들과의 생활을 비교해 보세요. 여러분이 앞으로 집, 학교에서 어떻게 생활을 해야할지 마음가짐과 다짐을 써 보세요.

나의 마음가짐과 다짐	

더불어 난민촌 아이들을 위해서 여러분이 할 수 있는 일이 무엇이지도 써보도록 합니다.

내가 할 수 있는 일	

2-2 난민이었다가 우리나라에서 살게 될 다문화가족을 도울 수 있는 방법에 대하여 써 봅시다.

세계시민 • 255

3 리나와 페로자는 리나가 미국으로 떠나게 되자 노란색 샌들 한짝 씩을 나누어 가지면서 헤어졌습니다. 노란색 샌들 한짝 씩은 둘의 우정이 끝이 아니라는 의미로 두 어린이의 우정의 상징과도 같습니다. 여러분이 리나와 페로자의 친구가 되어 두 어린이의 우정의 끈이 끊어지지 않고 반드시 다시 이어지길 바라면서 두 친구에게 우정의 표시로 예쁜 샌들을 선물하여 봅시다. 아래 샌들을 예쁘게 꾸며 보세요.

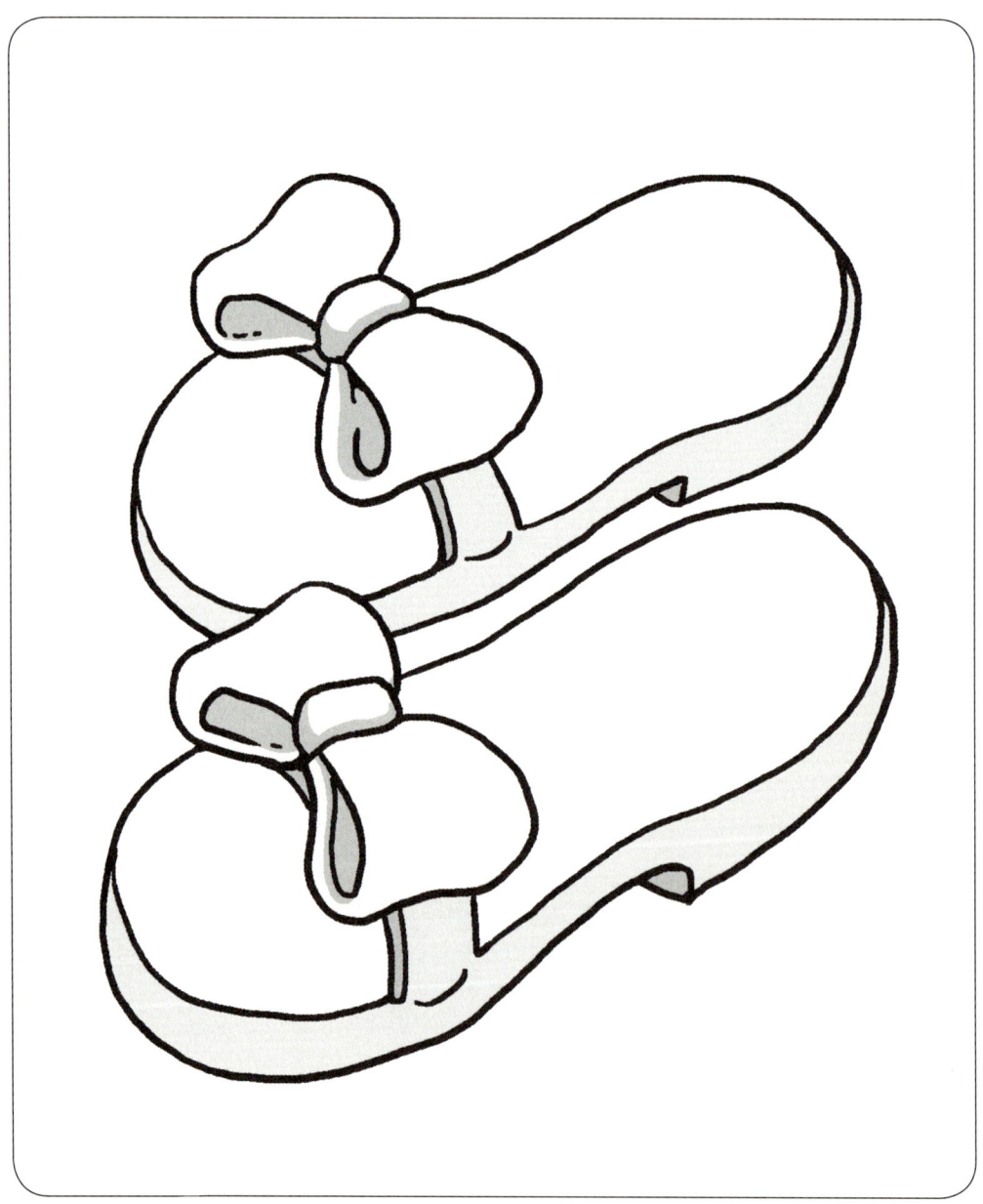

 **함께 맛 나누기**   독서 토론을 해요

1 '노란 샌들 한 짝'의 리나와 페로자는 난민촌에서도 공부를 하고 싶어합니다. 하지만 학교가 작아서 여학생이 공부할 교실이 없다는 이유로 학교 창문 밑에서 몰래 들여다볼 뿐입니다. 그저 땅바닥에 글씨를 쓰는 정도밖에는 하지 못합니다. 여자라서 공부하지 못하고 그냥 몰래 학교 안을 보아야 하는 리나와 페로자의 상황을 여러분은 어떻게 생각하나요?

의견	까닭
여학생은 공부할 교실이 없어서 공부하지 못하는 건 어쩔 수 없다.	
여학생은 공부할 교실이 없어서 공부하지 못하는 상황은 옳지 않다.	

2 세계 여러 나라에서는 전쟁, 기아, 경제적 이유 등으로 국민들이 자신들의 나라에서 살지 못하고 난민이 되어 떠돌아 다니고 있습니다. 대부분 자신들의 나라에서 가까우며 잘 사는 나라가 많은 유럽으로 향하고 있습니다. 하지만 난민을 받아주면 난민을 받아준 나라는 난민을 위해서 많은 도움을 주어야 하기 때문에 돈이 많이 듭니다. 유럽은 경제상황이 좋지 않은데 도와줘야할 난민의 수는 너무 많아 난민문제가 고민거리입니다. 난민을 받아주어야 할까요? 아니면 받아주지 말아야 할까요?

찬성 : 난민을 받아주어야 한다.

근거 1)

근거 2)

근거 3)

반대 : 난민을 받아주지 말아야 한다.

근거 1)

근거 2)

근거 3)

3. 소비자가 신발을 한 켤레 살 때마다 어려운 나라의 아이들에게 신발 한 켤레가 기부되는 ○○라는 신발이 있습니다. 많은 사람들은 가난한 사람들을 위해 도움이 되는 기부라고 생각하고 그 신발을 샀습니다. 하지만 최근에 그런 물질만을 보조해 주는 기부는 일시적이고 당장에만 도움을 주는 것일 뿐 앞으로 그들이 스스로 살아가기 위해서는 근본적인 도움을 주는 것이 아니므로 새로운 방법의 기부를 제시하는 사람들이 생겼습니다. 물질적 기분에 대해 여러분은 어떻게 생각하나요?

찬성 : 당장의 물질적 기부는 도움이 된다.

근거 1)

근거 2)

근거 3)

반대 : 당장의 물질적 기부는 근본적인 도움이 되지 못한다.

근거 1)

근거 2)

근거 3)

 쓱싹 쓱싹 요리하기   재미있는 독서 글을 써요

'6·25 피란민 학교' 세운 터키에 한국이 '난민학교' 지원

터키에 한국 지원으로 시리아 난민 아동을 위한 학교가 문을 열었다.

이슬라히예 난민학교는 한국이 직접 지원해 신설한 시리아 난민 학교 4곳 가운데 가장 먼저 이날 문을 열었다. 터키에서 유엔아동기금(유니세프) 차원의 간접 지원에 그치지 않고 직접 지원으로 시리아 난민학교를 세운 나라는 벨기에와 뉴질랜드에 이어 한국이 세 번째다.

이날 문을 연 이슬라히예 난민학교는 1천명을 가르칠 수 있다.

이슬라히예 제2난민캠프에는 시리아 난민 1만3천800명이 살고 있다. 이 가운데 3천700명이 학령기 아동이다. 기존 학교는 천막을 교실로 이용했기에 시설이 부실하고 수용 인원도 부족했다. 이슬라히예 제2난민캠프 아동 5명 중 1명은 학교에 다니지 않는다.

'한국 학교'는 가지안테프와 샨르우르파에 총 3곳이 더 개교할 예정이다.

조윤수 주터키 대사는 "6·25 전쟁을 겪었고 탈북자가 늘어나는 한국에서는, 시리아 난민 사태가 남의 일로 여겨지지 않는다"면서 "한국이 교육으로 전쟁의 폐허로부터 세계적인 국가로 도약했듯이 시리아도 교육으로 내전을 극복하길 바란다"고 말했다.

젠기즈 아큰 AFAD 국장은 개교식에서 축사를 통해 "6·25 전쟁에 참전한 터키군이 한국에 세운 앙카라학교가 1970년대까지 운영된 것으로 안다"면서 "이제 한국이 터키와 손잡고 난민학교를 세우게 돼 의미가 남다르다"고 밝혔다.

한국 지원으로 터키에 개교한 시리아 난민학교

"새 학교에서 공부하고 싶어요"
캠프에 사는 난민 소녀 2명이 천막 옆에 앉아 있다.

〈출처 : http://www.yonhapnews.co.kr/ 연합뉴스〉

tip   ※ 앙카라 학교 : 한국전쟁 당시 터키군은 1개 대대병력을 수원시 서둔동 지금의 농촌진흥청에 주둔한 뒤 고아원인 앙카라 학원을 세워 전쟁고아 640여명을 돌보는 등 인도적 지원활동을 펼쳤다.

1 과거에 터키는 우리나라를 도와준 적이 있습니다. 어떻게 도와주었는지 이야기 해보세요.

2 오늘 날 우리나라는 터키와 손을 잡고 시리아 사람들을 위해서 어떤 일을 하고 있는지 이야기해 보세요.

3 과거 6·25전쟁 때와 현재의 우리나라의 상황은 매우 많이 달라졌습니다. 두 상황을 비교하여 설명해보고 세계의 구성원으로서 우리나라와 여러분이 가져야할 태도에 대하여 이야기해 보세요.

의정부시 '레인보우봉사단'

서로 다른 국적과 인종, 문화를 지닌 사람들로 구성된 가족을 우리나라에서는 '다문화가족'이라 부른다.

의정부시에는 다문화가족은 우리 사회로부터 도움을 받아야 하는 특별한 집단이라는 인식을 지우기 위해 지역사회 봉사활동에 적극 참여하고 있는 다문화가족 봉사단체 '레인보우봉사단'이 있다.

의정부시에 거주하는 결혼이주여성은 물론, 유학생과 그들이 포함된 다문화가족, 의정부시다문화가족지원센터 직원, 의정부경찰서 외사과 직원들이 '레인보우봉사단'을 구성하고 있다.

중국을 비롯해 베트남과 필리핀, 캄보디아, 일본, 방글라데시, 러시아, 미얀마, 우즈베키스탄, 홍콩 등 70여 명에 달하는 다국적 사람들이 모여 활동하는 '레인보우봉사단'.

레인보우봉사단은 다문화가족들을 대상으로 손·발 마사지 교육을 실시해 거동이 불편한 지역의 노인들에게 마사지는 물론 말벗이 돼 주는 봉사활동을 주로 펼치는 봉사단체다.

이런 활동을 뛰어넘어 레인보우봉사단은 지역의 취약계층을 위한 노숙자 밥퍼봉사와 김장봉사, 연탄배달 봉사까지 활동의 폭을 점차 넓혀가고 있다. 이어 '우리 동네가 깨끗해 지는 날'이라는 주제로 환경정화 봉사활동은 물론 안전한 교통문화 정착을 위한 교통캠페인도 진행했다. 본격적인 추위가 몰려들기 시작한 11월부터는 각종 김장봉사활동에도 앞장서고 있다.

이들의 이 같은 선행은 매달 1회씩 빠짐 없이 이어지고 있다.

임원선 의정부시 다문화가족지원센터장은 "다문화가족에 대한 차별적인 시각으로 이들의 자존감이 약해져 이를 극복하기 위해 봉사단 창단을 추진했다"며 "다문화가족이 단순히 우리 사회의 복지 수혜자가 아니라 사랑과 봉사를 실천하는 베푸는 사람으로서의 역할을 할 수 있다는 것이 가장 중요한 의미"라고 말했다.

〈출처 : 경인일보 (www.kyeongin.com)〉

4 신문 기사 속의 봉사 단체 이름은 무엇이고, 왜 그렇게 이름을 지었을지 자신의 생각을 이야기해 보세요.

5 여러분은 다문화가족, 다문화친구들을 우리가 도움을 주어야 한다고 생각하나요? 우리가 도움을 받아야 한다고 생각하나요? 그 이유와 함께 자신의 생각을 이야기 해보세요.

6 '레인보우봉사단'을 보고 우리나라사람들과 다문화사람들과의 관계에 대해서 서로 어떻게 바라보는 것이 좋을지 자신의 생각을 이야기해 보세요.

세계시민 • 263

1 '세계시민' 이야기를 더 알아보아요.

1 체험학습을 통해 배우는 다문화 세계시민교육

다문화박물관(www.multiculturemuseum.com)

일반 전시관람 뿐만 아니라 체험프로그램으로 세계의 전통춤, 세계의 문화, 세계의 전통음식, 세계의 전통의상을 체험할 수 있고 외국인 선생님과 함께하는 프로그램도 진행이 됩니다. 또, 다문화박물관에서는 세계의 건축물관과 조형물도 만나볼 수 있어서 마치 세계여행을 하듯 아이들에게 좋은 경험을 할 수 있는 곳입니다.

지구촌민속교육박물관(http://www.serii.re.kr)

지구촌민속교육박물관은 서울특별시 교육연구정보원 내에 위치하고 있습니다. 2층은 종교와 문화 부문 유물 전시장과 영상실, 정보검색코너, 악기소리 체험 공간이고, 3층은 인류의 실생활과 관련된 의식주 분야의 다양한 지구촌 민속유물로 구성이 되어 있습니다.

KOICA 지구촌체험관(http://gv.koica.go.kr)

KOICA 지구촌체험관은 지구촌 곳곳의 개발도상국 현실을 바라보고 그들의 문화를 체험하고 느껴볼 수 있는 전시관입니다.

코이카가 개발지원 사업을 진행하고 있는 국가 또는 상호 인접한 다수의 국가를 선정하여 해당 국가의 역사, 문화, 예술, 자연 등 다양한 모습과 더불어 그 국가가 처해있는 어려운 현실을 전시 및 체험 할 수 있게 하고 있습니다.

또한 전 세계적으로 이슈가 되고 있는 지구촌의 여러 문제들 중 전시 대상 국가와 밀접한 관련이 있는 사안을 선정하여 소개하기도 하는데요. 특히 유엔의 '새천년개발목표(MDGs)'에 포함되어 있는 빈곤, 질병, 교육 등 8대 사안을 중심으로 현재 세계적으로 가장 심각한 이슈들을 체험과 전시를 통해 쉽게 이해할 수 있습니다.

2 여러분이 친구들에게 다문화 체험을 해보고자 합니다. 평소에 관심이 있었던 나라, 음식, 옷, 놀이 등을 생각해보고 어떤 내용을 체험해보고 싶은지 계획서를 작성해 보고, 체험 내용을 정리해 봅시다. (실제 체험이 어렵다면 인터넷, 책등을 활용하여 봅니다.)

〈다문화 체험학습 계획서〉

날짜	
함께 할 사람	
나라	
분야	
나라와 분야를 선택한 이유	
조사 내용	

2 다양한 매체를 더 만나보아요.

1 지식채널e 다문화시리즈 3부작

1부 "우리는 서울에 산다"
다문화가정 청소년이 바라본 서울은 어떤 모습일까?

서울은 [신호등]이다
서울은 [극과 극]이다
서울은 [빛]이다
서울은 [모르는 것이 많은 곳]이다

서울의 같은 하늘 아래 25명 중 1명은 169개국에서 온 친구들이라고 합니다.
서울에서 [내 자리는] 어디일까?
중도입국한 청소년들 새터민, 몽골, 중국, 파키스탄, 태국 등

"열심히 살라"기보다는
"열심히 살자"고 말하고 싶어요
같이 함께요

를 듣고 싶은 다문화 청소년들의 이야기를 들어보세요.

2 요즘 우리 주위에 다문화 친구들을 많이 볼 수 있습니다. 같은 한국인 학생들이 한국에서 전학을 가고 올 때도 적응에 많은 어려움을 겪기도 합니다. 하물며 다른 나라와 다른 문화에서 살다가 한국 학교에 오면 다문화 친구들은 더 큰 어려움을 겪을 것입니다. 여러분 주위에 그런 친구가 있다면 한국 문화에 잘 적응할 수 있도록 한국 적응을 위한 설명서를 만들어 봅시다. 상황에 따라 어떻게 대처하면 될지 써 보세요.

상황	이렇게 하면되요

세계시민 • 267

3 이런 책들도 함께 읽으면 좋아요.

다문화 국가로 빠르게 진행되고 있는 우리 사회에서 어린이들이 어떤 생각을 가지고 이를 바라보고 이해해야 하는지에 대해 알기 쉽게 설명한 책이다. 세상에는 얼마나 다양한 문화를 가진 사람들이 살고 있는지, 다문화 현상이 왜 생기게 되었는지, 우리나라의 다문화 역사는 어떻게 되는지 등을 설명해 준다.

또한, 어느 특정한 민족이나 문화가 더 잘났다고 따지기보다는 모두가 고르게 가치 있고 소중하다는 사실을 일깨워 주고, 세계화의 필요성과 문제점에 대해서도 꼼꼼히 짚어 준다.

함께사는 다문화 왜 중요할까요? / 홍명진 지은이, 조성민 그림
어린이나무생각

진호는 엔지 아주머니의 초대를 받고 어머니와 함께 영국 런던 근교에 있는 마을 베드제드BedZed를 방문합니다. 베드제드 마을은 에너지 제로를 위해 친환경적인 건축방식으로 집을 짓고, 환경오염을 줄이기 위해 재활용 생활문화를 실천하고 있는 곳이었습니다.

베드제드 마을의 건축물과 생활문화를 한국의 그것과 비교하면서 친환경적인 생활이란 무엇인지, 환경을 보존하고 그 속에서 공존하기 위해서는 어떤 태도를 지녀야 하는지 이야기합니다. 세계와 환경이라는 측면에서 우리가 진정 관심을 가지고 아이들에게 가르쳐야 할 것이 무엇인지 돌아보게끔 해주고 있습니다.

베드제드에 가다 / 조양희지음 / 정인출판사

우리가 자주, 편하게 입는 티셔츠를 통해 옷이 만들어지는 과정을 알려주는 지식 정보책 뿐만 아니라 공정무역의 의미, 열린 눈으로 보는 세계관, 사회문제와 함께 나눔의 메시지도 전달하는 그림동화. 서로 물건을 사고 팔 때 불공평함을 바꿔나가고 올바른 대가를 지불하는 착한 거래 방식인 공정무역 개념을 따뜻한 글과 그림으로 어린이 눈에 맞춰 풀어낸 책이다. 목화가 파란 티셔츠로 만들어져서 여자 아이에게 오기까지의 과정을 통해 밭과 공장에서 일하는 사람들의 모습, 아이들도 학교에 가는 대신 일을 해야 생계를 유지할 수 있는 내용과 사람들이 열심히 일하지만 그 대가로 정당한 값을 받지 못하고 있다는 현실을 보여준다.

파란 티셔츠의 여행 / 비르기트 프라더 글, 비르기트 안토니 그림
엄혜숙 옮김 / 담푸스

긴 수염 할아버지는 태국에서 만들어진 동화입니다. 처음에 거추장스럽고 불편하게 느껴졌던 할아버지의 긴 수염은, 할아버지가 수염과 함께 살아가야겠다고 생각하자 소중한 존재로 바뀝니다. 이 이야기는 '다문화'가 할아버지의 '수염'과 같은 존재가 될 수 있다는 것을 뜻합니다. 다문화라는 것이 아직 우리에게 낯설게 느껴질 수 있지만, 조금만 생각을 달리하면 다문화란 불필요한 것이 아니라 우리 사회에서 꼭 필요한 태도와 덕목임을 깨달을 수 있고, 세계시민으로서 서로를 대하는 태도를 생각해보게 한다.

긴수염 할아버지 / 치완 위사사지음 / 정인출판사

교사지도안 및 예시답안

1. 인권 : 까매서 안 더워?

맛있게 읽어요 22쪽

● **미리 맛보기 : 마음을 열어요** 23쪽

1. • 우리 사회에서 얼굴 생김새나 피부색 등을 이유로 외국인을 비하하는 경우가 있다.
   • 인터넷을 통해 아무 생각 없이 인종차별의 글을 올리는 경우가 많다.

2. 한국인들은 인종차별이 매우 심하고 자신들 밖에는 모르는 사람들이라고 생각할 것이다.

● **차근차근 맛보기 : 내용을 이해해요** 25쪽

1.

등장인물	다문화환경에 적응하는 반응	그런 반응을 보이는 이유
티나	월드컵응원용 붉은 티셔츠를 입고 다닌다.	한국을 좋아한다는 것을 알림으로써 괴롭힘을 당하지 않기 위해서다.
반 남자 아이들	티나를 놀린다.	필리핀 아이를 우리나라 사람으로 인정하지 않기 때문이다.
나	미국에서 있었던 경험을 떠올린다.	자신도 똑같은 괴롭힘을 당했기 때문이다.

2.

동규가 느낄 기분	인종차별을 느껴 기분이 나쁠 것이다.
정준이에게 해주고 싶은 말	더워서 짜증이 나더라도 친구에게 화풀이를 하는 행동은 옳지 않아. 더군다나 우리와 조금은 다른 외모를 가지고 있는 친구에게 피부가 까매서 덥지 않을 거라는 말을 한 건 매우 잘못된 행동이야. 바로 사과를 하는 것이 좋겠어.

● **함께 맛 나누기 : 독서 토론을 해요** 31쪽

1.
찬성 : 진짜 한국 사람만이 한국의 아름다움을 표현할 수 있다.
근거 1) 한국의 전통미는 우리 민족 고유의 문화이기 때문이다.
근거 2) 한국다움을 가장 잘 나타낼 수 있으려면 조상부터 한국 사람이어야 한다.
근거 3) 같은 민족이 아니면 전통을 표현하는 데 한계가 있다.

반대 : 진짜 한국 사람이 아니라도 한국의 아름다움을 표현할 수 있다.
근거 1) 아름다움은 공통적인 느낌이라 외국인도 표현이 가능하다.
근거 2) 표현력이 중요하지 민족이 중요한 것이 아니다.
근거 3) 미적 감각이 있는 사람은 모든 표현이 가능하다.

2.
찬성 : 왕자역할에 어울리는 사람은 과묵하고 공부도 잘해야 한다.
근거 1) 왕자역을 하려면 왕자 이미지에 잘 맞는 아이가 맡아야 한다.
근거 2) 평소에 바른 행동이 습관화 되어야 역할을 잘 해낼 수 있다.
근거 3) 우리가 동화책에서 봐왔던 공주에게 어울리는 왕자는 모든 면에서 다른 사람보다 뛰어나기 때문이다.

반대 : 왕자역할에 어울리는 사람이 반드시 과묵하고 공부도 잘해야 하는 건 아니다.
근거 1) 연극에서 중요한 것은 연기력이기 때문이다.
근거 2) 과묵하고 공부를 잘 한다고 연기도 잘하는 것은 아니다.
근거 3) 공부를 못해도 다른 사람 앞에서 표현을 잘하는 사람이 있다.

2. 인권 : 나는 달랄이야! 너는?

● **미리 맛보기 : 마음을 열어요**　　　39쪽

1. 굿네이버스, 유니세프, 한국국제기아대책기구, 세이브더칠드런, 국경없는 의사회, 월드비전 등

2. 자신이 참여한 구호활동 소개하기

● **차근차근 맛보기 : 내용을 이해해요**　　　41쪽

1.

	생활모습	해보기를 원하는 것
노을	가난해서 새 옷도 선물받지 못하고 맛있는 음식도 맘껏 먹지 못한다.	아이스크림을 먹는 것
샤일	엄마가 돌아가신 후론 아빠가 검은 차도르만 입게하고 정해진 장소외에는 아무데도 못가게 한다.	예쁜 원피스와 히잡을 입고 축제를 즐기는 것
나		

2. 1. 호숫가에 가서 물 길어 오기
　 2. 수잔 목욕시키기
　 3. 미리엄 돌봐 주기
　 4. 설거지하기
　 5. 식사 만들기
　 6. 감자손질하기
　 7. 밭에서 콩따기

3. 우리가 도움을 줄 수 있는 방법
   • 국제 구호 단체의 후원자가 된다.
   • 구호물품을 전달한다.
   • 제3세계 어린이에게 희망의 편지를 써서 전달한다.

● **함께 맛 나누기 : 독서 토론을 해요**　　　47쪽

1.
찬성 : 모든 아이들은 학교에 갈 수 있도록 도와야 한다.
근거 1) 해외 원조를 통해 학교를 지어주어야 한다.
근거 2) 공부를 해야 가난도 벗어날 수 있으니 공부할 수 있도록 후원해 줘야 한다.
근거 3) 교육받을 권리도 인권에 해당하니 학교에 갈 수 있도록 당연히 도와야 한다.

반대 : 그 나라가 해결할 문제이지 우리가 도울 필요는 없다.
근거 1) 그 나라의 일은 그 나라가 처리하는 것이 옳다.
근거 2) 배움이 필요하다면 스스로 알아서 방법을 찾아야 한다.
근거 3) 도움을 준다면 계속 의지하는 삶을 살 수도 있다.

2.
찬성 : 해외 원조보다는 국내 원조가 우선시 되어야 한다.
근거 1) 우리 국민들 먼저 평안하게 만들어야 한다.
근거 2) 국가가 안정된 후에 다른 나라를 살펴도 된다.
근거 3) 해외 원조는 우리나라 아닌 다른 나라도 많으니 천천히 도와도 된다.

반대 : 원조에 우선순위를 둘 수 없다.
근거 1) 지구촌이라는 말처럼 국내, 해외를 나누는 것은 무의미하다.
근거 2) 인간은 모두 평등하므로 돕는데 우선순위는 필요없다.
근거 3) 우리나라도 원조를 많이 받았으니 이제는 해외 원조를 해야 한다.

교사지도안 및 예시답안

1. 평화 : 자유의 노래

맛있게 읽어요   64쪽

● **미리 맛보기 : 마음을 열어요**   65쪽

1. • 노예도 사람인데 물건으로 취급한 것은 부당하다.
   • 유럽 열강의 경제적 필요에 의해 아프리카인을 노예로 삼은 것은 폭력이다.

2.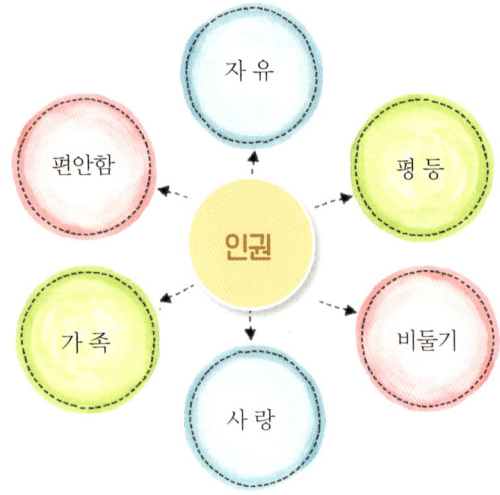

3. 살아갈 의욕도 없고 너무 힘든 삶이 될 것이다.

● **차근차근 맛보기 : 내용을 이해해요**   67쪽

1.

버스	백인과 같이 앉을 수 없었다.
식당과 가게	백인과 같은 식당이나 가게를 사용할 수 없었다.
공원	백인들이 이용하는 공원엔 얼씬도 할 수 없었다.
학교	백인이 다니는 학교에서 공부할 수 없었다.
병원	백인이 이용하는 병원에 다닐 수 없었다.

2.

흑인 여성이 경찰에 체포된 이유	백인이 앉는 자리에 앉아서 일어나기를 거부하였기 때문이다.
흑인 여성이 그런 행동을 한 이유	흑인이라는 이유로 차별을 받는 것이 부당하다고 생각했기 때문이다.

3. • 흑인들 모두 버스를 타지 않고 걸어서 학교와 일터로 갔다.
   • 백인들만 들어갈 수 있는 식당을 계속해서 찾아갔다.
   • 백인만 이용할 수 있는 도서관을 계속 갔다.

4.

킹 목사의 설득	비폭력으로 저항하자
그런 설득을 한 이유	백인과 똑같은 권리를 가지고 평화롭게 어울려 살아가기 위해서는 폭력을 사용하면 안되기 때문이다.

● **다양한 맛 즐기기 : 넓고 깊게 생각해요**   69쪽

1. 차별을 받는 것이 너무 화가 나고 사는 것이 너무 힘들었을 것이다.

2.

자유나 평화를 보장 받지 못하는 사람들 이야기	• 장애자에 대한 차별 • 다문화 아이나 노동자에 대한 차별 등 주변의 이야기 소개하기
평화를 보장해 줄 수 있는 해결책	• 소개한 이야기와 연관되는 해결책을 제시한다.

3. • 외국인 노동자가 우리 나라에 온 이유
   • 외국인 노동자 간에 생길 수 있는 문제점
   • 앞으로 외국인 노동자 집단 거주 지역에서 풀어가야 할 과제 등

4. • 외국인 노동자에 대한 자신의 생각이나 느낌을 사

실대로 말하기

5.

안산시 시민 제안서	
제 안 사 항	
사업명	다문화 축제
사업배경 (필요성)	다양한 국적의 사람들이 모여서 축제를 벌이면서 자신들의 음식, 전통의상, 놀이 문화 등을 소개하고 서로 즐기는 가운데 서로를 이해하는 평화의 장을 마련한다.
사업내용	□ 사업개요 ○ 위치 : 안산 시민광장 ○ 내용 : – 먹거리, 음식, 전통의상 부스 운영 – 다문화 놀이 체험 부스 운영
예상효과	○ 사업이 선정될 경우 예상되는 효과 – 자기 나라의 전통문화를 소개할 수 있다. – 다양한 문화를 경험하면서 서로 이해하는 기회가 된다.
20 년 월 일 안산 시장 귀하	

● 함께 맛 나누기 : 톡서 토론을 해요   73쪽

1.

찬성 : 문화적 배경에 따른 충돌이니 이해해야 한다.
근거 1) 중국과 우리나라는 문화가 다르다.
근거 2) 우리나라를 찾은 관광객이니 그 나라의 문화를 우대해 주어야 한다.
근거 3) 관광수입을 위해서는 어느 정도 묵인해 주어야 한다.

반대 : 한국의 법률에 따라 똑같이 처벌해야 한다.
근거 1) 한국에 온 이상 한국의 법을 따라야 한다.
근거 2) 여행지에서는 그 나라의 예절에 맞게 행동하는 것이 옳다.
근거 3) 앞으로 외국 관광객들의 폭행을 방지하기 위해서라도 처벌해야 한다.

2.

찬성 : 사회 질서 유지를 위해서는 어느 정도의 폭력은 불가피하다.
근거 1) 도저히 해결책이 없다면 폭력도 하나의 방법이다.
근거 2) 다수의 안정을 위해 소수의 피해는 넘어가야 한다.
근거 3) 강하게 대응하지 않으면 점점 사회질서가 무너질 수도 있다.

반대 : 어떤 상황에서도 폭력을 사용해서는 안된다.
근거 1) 폭력은 또 다른 폭력을 가져온다.
근거 2) 폭력을 행하는 순간 모든 정당성은 사라진다.
근거 3) 폭력과 폭력이 맞붙게 되면 폭력이 점점 심해진다.

● 쓱싹 쓱싹 요리하기 : 재미있는 독서 글을 써요   76쪽

2. 〈나의 평화 실천 다짐〉
  1. 도움이 필요한 친구를 돕겠습니다.
  2. 불우이웃돕기에 꼭 참여하겠습니다.
  3. 친구와 사이좋게 지내겠습니다.
  4. 다른 사람을 이해하겠습니다.
  5. 친구에게 물건을 빌려주겠습니다.

실천내용	매우 잘 실천 했어요 ◎	잘 실천 했어요 ○	좀 더 노력할게요 △
도움이 필요한 친구를 돕겠습니다.			
불우이웃돕기에 꼭 참여하겠습니다.			
친구와 사이좋게 지내겠습니다.			
다른 사람을 이해하겠습니다.			
친구에게 물건을 빌려주겠습니다.			

교사지도안 및 예시답안

2. 평화 : 커피우유과 소보로빵

● **미리 맛보기 : 마음을 열어요** 81쪽

1. 나의 경험이나 들은 내용과 느낌 쓰기로 놀림이나 따돌림을 당하는 사람의 마음 헤아려 보기

2. • 너무 속상할 것이다.
   • 친구들이 미울 것이다.
   • 자신감이 사라질 것이다.

3. 친구나 가족, 선생님 등 소개하기

4. '왕따'나 '학교폭력'에 대한 생각이나 자신이 그 친구에게 했던 행동 쓰기

● **차근차근 맛보기 : 내용을 이해해요** 83쪽

1. 전쟁으로 어머니가 가족을 다 잃게 되었고 불안정한 에리트레아에서 살 수가 없어서 독일로 이민와서 살게 되었습니다.

2. 폭력입니다.
   다른 사람의 신체적인 약점이나 외모를 가지고 놀리는 말을 하는 것은 언어폭력에 해당되기 때문입니다.

3. 자기 일이 아니라고 생각했기 때문입니다.

4. 샘에게 검둥이라고 비하하는 말을 했습니다. 또한 여러 명이 무리지어 샘을 놀리는 행동은 매우 잘못된 행동입니다. 또한 아무리 옛날부터 전해 내려오던 놀이라도 속에 담긴 내용을 생각해 봐서 나쁜 내용이라면 놀이를 하지 말아야 합니다.

5. 혼자서 하는 것보다 친구와 힘을 합쳐 해 내는 것이 훨씬 좋다는 것을 깨달았을 것입니다.

● **함께 맛 나누기 : 톡서 토론을 해요** 89쪽

1.
찬성 : 친구들처럼 가만히 있는다.
근거 1) 나와 직접적인 관련이 없다.
근거 2) 자기 일은 자기 스스로 해결해야 한다.
근거 3) 내가 가만히 있어도 누군가 나서 줄 것이다.

반대 : 놀리는 행동을 말린다.
근거 1) 친구를 놀리는 것은 나쁜 행동이다.
근거 2) 가만히 있는 것은 동조하는 것이나 마찬가지다.
근거 3) 말리는 사람이 없으면 더 심한 행동을 할 수도 있다.

2.
찬성 : 외국인 노동자가 열악한 환경에서 근무하는 것은 당연하다.
근거 1) 열악한 환경이므로 값싼 노동력이 필요한 것이다.
근거 2) 외국인 노동자 나라의 근무조건보다는 나을 것이다.
근거 3) 우리나라 사람이 하기 힘든 일을 하는 것은 당연하다.

반대 : 외국인 노동자들도 열악한 환경에서 근무하지 말아야 한다.
근거 1) 외국인 노동자도 근로조건을 지켜줘야 한다.
근거 2) 근무환경의 개선은 노동자 누구에게나 필요한 것이다.
근거 3) 근로자의 국적에 따른 차별 대우는 평등에 어긋난다.

● **쓱싹 쓱싹 요리하기 : 재미있는 독서 글을 써요** 92쪽

1. 국제 결혼과 외국인 취업자 증가

2. • 다문화 가정에 대한 편견을 갖지 말아야 한다.
   • 우리나라에 들어와 있는 외국인 근로자와 그 자녀들이 우리 사회에 잘 적응하고 살아 갈 수 있도록

도와줘야 한다.

3.

국가	인사말	대표 음식	더 알아보고 싶은 것
중국	니하오	딤섬	
일본	곤니치와	스시	
프랑스	봉쥬르	푸아그라	
미국	하이, 핼로우	햄버거	
태국	싸와디캅(카)	톰얌쿵	
브라질	오이	슈하스코	

후식을 즐겨요 96쪽

1-1.

	○○ 비영리 사단법인 설립 사업 계획서
사업명	다문화 놀이터
사업목적	다문화 아이들이 마음놓고 서로를 이해하면서 놀며 휴식을 취할 수 있는 기회를 제공하고자 함
사업내용	• 다양한 나라의 문화 체험 제공 • 다양한 나라의 놀이 문화 마련 • 다문화 아이들을 위한 쉼터 제공
기대효과	• 다문화 아이들이 마음의 여유를 가질 수 있음 • 다양한 놀이 문화를 통하여 상대방에 대한 이해의 폭을 넓힘

2-1. 마더 테레사

죽어가는 사람들과 나병환자, 버려진 아이들, 노인들에게 도움을 베풀고 복지활동을 하며 평생 봉사의 삶을 살았다. 그 공로를 인정받아 노벨평화상을 수상했다.

2-2. • 우리 말이 서툰 다문화 친구에게 우리 말을 가르쳐 주세요.
• 다문화 친구에게 먼저 다가가 함께 놀아 주세요.
• 다문화 친구의 이야기를 들어주고 이해해 주세요.

1. 관용 : 벌집이 너무 좁아!

맛있게 읽어요 106쪽

● **차근차근 맛보기 : 내용을 이해해요** 109쪽

1. • 우리 벌집에 꿀벌 한 마리가 더 있다.
   • 우리가 살고 있는 집에 새로운 꿀벌 침입자가 나타났다.

2. ③

3. 수벌 : 아마 우리 벌집보다 더 작은 벌집에서 왔을 거야.
   우리한테 (병)이라도 옮기면 어떻게 하지?
   일벌 : 어쩌면 꿀 공장에서 내 (일자리)를 빼앗아 버릴지도 몰라.

4.

	제안	큰 호응을 얻지 못한 까닭
수학자 벌	벌들에게 각각 번호를 매기자	
변호사 벌	여권과 출생증명서를 발급하자	
탐정 벌	모든 벌들에게 거짓말 탐지기를 사용해 보자	
언어학자 벌	날갯짓 소리를 들어보고 다른 벌을 찾아내자	

교사지도안 및 예시답안

5.

여왕벌의 제안	모두 힘을 모아 벌집에 방을 하나 더 만들자
벌 국민의 반응	"좋아요!"라고 답하며 또 하나의 꿀벌을 위한 예쁜 방을 만든다.

2. 관용 : 베트남에서 온 우리 엄마

● **차근차근 맛보기 : 내용을 이해해요**　　125쪽

1. • 갑 옹 텉 브이 과(너희들을 만나서 기뻐) • 텉 븍 민(화가 치밀어 못 견디겠다)
   • 매, 씬 짜오 바!(엄마, 안녕하세요?) • 안 텉 뜨 떼 과 깜 언 안(늘 친절해서 고마워)

2. 준호 할아버지, 할머니, 아빠와 연아 누나는 한국 사람이고, 엄마와 비 누나는 베트남 사람이고, 준호는 그 중간. 이렇게 세 나라가 한집에 산다고 하여서

3. 채은이 엄마가 담임 선생님에게 이야기해서 바꿔 달라고 했기 때문에

4. 정말 배려심이 깊은 아이라는 생각이 들었어요. 자신보다 다른 아이들을 걱정하고 위하는 마음이 느껴져 대단하다고 생각했어요 등

5. 누구나 자기 민족의 모든 것을 사랑할 권리가 있다는 생각을 깨달았다.

6.

인상 깊은 캐릭터	선택한 까닭
엄정신 선생님	아이들에게 사랑과 관심을 보이며 갈등 문제를 잘 해결해주어서
	이야기를 이끌어가는 중심 인물이고 사건을 재밌게 풀어나가서
	가슴에 와 닿는 멋진 말을 해 주어서 등

● **다양한 맛 즐기기 : 넓고 깊게 생각해요**　　127쪽

5. 참을 수 없는 것도 상황에 따라 참을 줄 알아야 한다고 생각합니다. 그 이유는…….

● **함께 맛 나누기 : 독서 토론을 해요**　　131쪽

2. • 만약 내가 준호라면 그 상황에서 어떻게 대처할까요?
   • '착한 일을 하는 데도 용기가 필요하다'는 말은 무슨 의미일까요?

1. 상호협력 : 이웃의 이웃에는 누가 살지?

맛있게 읽어요　　148쪽

● **차근차근 맛보기 : 내용을 이해해요**　　151쪽

1. 사람들이 개성이 있는 것처럼 이웃들도 저마다 개성이 있기 때문에

2.

효준이 엄마는 베트남 사람이에요. 아빠가 베트남에서 일하실 때 엄마를 만나 결혼하셨죠. 그래서 지금은 한국에서 알콩달콩 살고 있어요.	옆집 아저씨는 캄보디아 사람이에요. 엄마가 그러는데, 그 아저씨는 돈 벌려고 한국에 와 공장에서 일하고 있는 외국인 노동자래요.	우리 반 재희는 말투와 억양이 좀 달라요. 무슨 이유가 있어서인지는 모르겠지만 북한을 탈출해서 우리나라에 살고 있는 거라고 해요.
국제결혼가정	이주 노동자	새터민

3. • 중국(니하오!) • 일본(곤니찌와!)
   • 베트남(씬 짜오!) • 프랑스(봉주르!)

4. 우리문화와 음식에 대해 모르는 이웃에게 가르쳐 줄 수도 있고, 자신이 자신 있는 분야를 재능기부를 하며 서로 배울 수 있다. 등

5. 이웃 간의 소음 문제나 언어 문제 등을 조심하고 이웃의 문화를 존중해야 합니다. 등

- **다양한 맛 즐기기 : 넓고 깊게 생각해요** 153쪽

4. 인도 사람들은 손으로 음식을 먹습니다. 미국에서는 집안에서 신발을 신고 생활합니다. 등

2. 상호협력 : 포기하지마! 롤러코스터

- **차근차근 맛보기 : 내용을 이해해요** 167쪽

3. 함께 손을 잡고 침착하게 대응하여 질서 있게 빠져나왔다.

4. 아빠는 필리핀에 남아 일하고 남은 가족들은 한국으로 가기로 결정합니다.

5.

큰아버지 댁에서의 어려움	방이 하나여서 마음껏 떠들지 못하고 친구들을 데리고 오지도 못한다.
할아버지 댁에서의 어려움	태풍으로 인해 큰 물난리를 겪게 된다.

6. 친구들이 상철이를 놀리고 따돌린다.

7. 살다 보면 좋을 때도 있고 나쁠 때도 있다는 말이라고 생각합니다. 나쁜 일이 있을 땐 희망을 가지고 좋은 일을 기다리라고 말하는 것 같습니다. 등

1. 문화교류 : 함께 사는 다문화 왜 중요할까요?

맛있게 읽어요 190쪽

- **차근차근 맛보기 : 내용을 이해해요** 193쪽

1. (원인) 서로 다른 종교를 존중하지 않고, 적대시하기 때문
(해결하기 위해 필요한 것) 종교에 따른 생활 풍습, 사고방식, 가치관의 차이를 인정하고, 존중해야 함.

2.

	뛰어난 부분	업적
백인	합리적이고, 논리적인 사고로 사물을 세밀하게 분석하는 일	과학혁명을 주도(물리, 화학, 생물, 의학), 클래식 음악 발전
황인 (동양인)	전체를 보는 눈, 자연과 인간의 조화를 추구	많은 종교가 동양에서 시작, 동양의 한의학으로 서양 의학의 한계 보완, 종이와 폭약의 개발
흑인	리듬감과 독특한 음악적 감성	재즈 발전, 육상 성적

3. • 국제결혼으로 인한 결혼 이민자
  • 일자리를 얻기 위한(돈도 벌고, 기술을 배우기 위한) 외국인 노동자

4. (귀화 방법) 법무부에 신청을 하고 한국어와 국사 시험에 통과해야 함.
(의무와 권리) 세금을 내야할 의무, 한국인처럼 교육받을 권리, 국가로부터 보살핌을 받을 권리

5. 세계의 뉴스가 우리의 관심사로 옮겨 온다. 예컨대 가뭄으로 인해 아이들이 굶어 죽는 뉴스를 보고 성금을 보낼 수 있다.
문화를 자유롭게 교류할 수 있다. 유튜브 등 인터넷 동영상을 통해 유럽과 남미에까지 한류 팬이 생겨났다.

- **다양한 맛 즐기기 : 넓고 깊게 생각해요** 195쪽

1. • 슬픈 일이 있으면 슬퍼하고, 즐거운 일이 있으면 즐거워하는 모습
  • 크게 감동을 받으면 눈물을 흘리는 모습

2. 파키스탄의 '명예 살인' 제도, 여성 할례, 유아 혹은 어린이를 강제로 결혼시키는 문화

3. • 흡수되기 위해 노력해야 한다. 한 사회 구성원으

교사지도안 및 예시답안

로 동질감을 느끼려면 그 나라의 문화를 받아들이고, 수용하려 노력해야 한다.
- 자신의 문화를 유지하며 살아가도 된다. 문화는 정체성을 표현하는 도구이다. 정체성을 잃지 않기 위해 자신의 문화를 고수하는 것이 필요하다.

4.
- 테러의 위협, 범죄 등으로 인하여 자국의 치안이 불안정해지기 때문
- 난민 수용으로 경제적 혼란을 가져올 수 있기 때문 (일자리 부족, 생계지원, 복지부담 등)

5. **(많아진 까닭)** 소비자에게 영어간판이 좀 더 세련된 이미지와 고급화된 이미지를 주기 때문에 영어 간판이 많아졌다.
 (다른 문자로 된 간판의 사례) 뚜레주르-프랑스어, 샤넬-프랑스어, 스시 가게-일본어

6. 한글, 김치, 밥

7.

장점	다양한 문화를 공유하고, 교류할 수 있다. 따라서 외부 문화를 받아들이는 것이 용이하다.
단점	파벌이 형성되어 국가 내 분열의 우려가 있다. 따라서 국가의 결속력이 약해질 수 있다.

● 함께 맛 나누기 : 톡서 토론을 해요   199쪽

1.
찬성 : 부르카를 입은 여성들을 허용해야 한다.
근거 1) 부르카를 입음으로 다른 사람에게 피해를 주지 않기 때문이다.
근거 2) 이슬람 여성들의 전통이자 문화적 선택을 강제해서는 안 된다.

반대 : 아니다. 부르카를 입은 여성들을 제재해야 한다.
근거 1) 얼굴 전체를 가리는 복장이기 때문에 테러리스트들이 이용할 수 있다.
근거 2) 여성들을 억압하는 복장으로 여겨진다.

2.

나의 생각 (✓ 표시)	그렇게 생각한 까닭
우리나라에 도움이 된다. ( )	• 우리나라 사람들이 기피하는 건설 현장, 제조공장 등에서 일함으로 나라 경제 발전에 도움이 된다. • 고령화 사회가 진행되면서 젊은 사람이 필요하지만 찾기 어려운 곳에 외국인 노동자를 대치함으로 노동력을 충원할 수 있다.
우리나라에 도움이 되지 않는다. ( )	• 일자리를 빼앗기게 된다. • 외국인을 지원하는 생활보조금이나 학비 등 복지 혜택으로 인해 우리가 받는 서비스의 질이 낮아지게 된다. • 언어, 종교, 문화의 차이로 인한 사회 내 갈등이 발생될 수 있다.

3.

대상도서	함께 사는 다문화 왜 중요할까요?	
주제	자유무역협정(FTA)은 꼭 필요하다.	
주장	찬성	반대
	자유무역협정은 우리나라에 긍정적인 영향을 미친다.	자유무역협정은 우리나라에 부정적인 영향을 미친다.
주장의 이유	• 외국 기업과 경쟁함으로써 국내 기술이 발전할 수 있다. • 소비자는 외국의 품질 좋은 상품을 싸게 구매할 수 있다. • 기업들은 더 넓은 세계 시장에 진출할 기회를 얻는다.	• 경쟁력이 약한 산업, 특히 농축산업 분야는 타격을 입게 된다. • 농축산물 산업이 무너질 경우, 식량이 무기화 될 수 있다. • 경제적인 자주권을 빼앗길 수 있다.

2. 문화교류 : 우리 앞의 세계화 이야기

● 차근차근 맛보기 : 내용을 이해해요   209쪽

1. 우리나라 소비자들의 성향과 요구, 문화(흥정하는

문화, 덤 문화)를 잘 읽지 못했기 때문. 즉, 현지화에 실패했기 때문

2. (네 나라) 브라질, 러시아, 인도, 중국
   (빠르게 성장한 이유) 국토가 넓고 인구가 많으며 지하자원이 풍부하기 때문. 인구가 많으면 커다란 소비 시장이 만들어지고, 소비 시장이 크면 클수록 산업을 일으켜 재화를 생산하는 데 유리한 조건이 됨

3. 세계화는 필연적으로 진행되지만 한없는 인간의 욕망과 강대국들의 탐욕으로 전쟁까지 일어날 수 있음. 따라서 전 세계 국가들이 힘을 합쳐 지구의 평화를 유지하는 것이 UN의 목표

4. 국제적으로 무역과 자본 거래가 급속히 늘어나자 한국만 뒤쳐져서 고립될까 준비 없이 무작정 따라나선 세계화 때문에 발생되었다.

5.

참석자들		그들의 주장
세계 경제 포럼 (다보스 포럼)	세계 여러 나라의 경제 및 금융계 지도자, 정상급 정치인, 국제 기구의 수장들, 영향력 있는 기업인들	세계가 당면한 어려움을 해소하기 위해 국제기구들이 큰 역할을 해야 한다. 또 그럴 수 있도록 구조와 제도를 개혁해야 하나.
세계 사회 포럼	전 세계 곳곳에서 수만 명이 참석(빈민문제, 전쟁문제, 실업문제에 관하여 목소리를 내는 사람들	현재의 세계화가 지나치게 선진국과 거대한 기업, 부자들에게 유리하게 진행되고 있다. 이를 고쳐야 한다.

● 다양한 맛 즐기기 : 넓고 깊게 생각해요 211쪽

2. •(개인적으로) 단체를 통해 후원하기
   •(국가적으로) 건강, 안전에 위협을 가하는 현장에는 아동들이 일하지 못하도록 법으로 규제하기,

부당한 임금 체계를 바로잡기
•(세계적으로) 언론 보도를 통해 아동 노동에 대한 인식을 개선시키기, 윤리적 검토를 통해 비윤리적 기업에 불이익 주기

4. 우리들은 아주 오래 전부터 이 땅에서 살고 있었습니다. 우리 땅이 넓고, 먹을 것이 풍부하기에 견물 생심으로 이 땅을 빼앗고 싶은 욕심이 생겼을 수 있습니다. 그러나 역지사지해 보십시오. 하루아침에 낯선 이가 와서 '여긴 우리가 발견했으니 나가'라고 한다면 얼마나 황당한 일입니까. 당장 당신들의 땅으로 돌아가 주십시오.

5. •(이유) 내부의 정치적인 문제나 갑작스러운 기후 변화 때문, 세계은행과 국제통화기금이 권한 잘못된 정책 때문, 선진국의 무리한 요구로 인한 나라간 양극화가 심해졌기 때문
   •(해결 방법) 선진국과 다국적기업이 굶주리는 나라에 자립하여 살아갈 수 있도록 생산 자본을 지원하는 방법, 일자리를 제공하는 방법, 식량을 지원하는 방법

6.

〈접수 정보〉	
호텔	서울 ○○호텔
성명	
이메일	@
주소	
내용 (2,000자 내외)	한복은 한복 고유의 아름다움이 있습니다. 한복은 결코 양복에 비해 뒤처지는 옷이 아닙니다. 외국인들도 한복의 색과 선의 아름다움에 매료되어 한복을 칭찬합니다. 한복은 얼마든지 격식 있는 자리에서도 입을 수 있는 품위 있는 옷입니다. 그럼에도 한복을 입었다는 이유로 호텔의 입장을 막은 것은 부당하게 생각됩니다.

교사지도안 및 예시답안

● **함께 맛 나누기 : 독서 토론을 해요**　　215쪽

1.
찬성 : 스크린 쿼터제에 찬성한다.
근거 1) 강력한 자본을 가진 할리우드 영화가 상영관을 독점할 수 있다.
근거 2) 우리나라 영화가 많이 상영되어야 그 벌어들인 돈으로 한국영화에 재투자가 가능하다.
근거 3) 우리나라 영화가 줄어들면 한국 고유의 색채를 담아내기 어렵다.

반대 : 스크린 쿼터제에 반대한다.
근거 1) 자문화 보호는 세계화의 흐름에 역행하는 것이다.
근거 2) 소비자는 다양한 영화를 선택할 권리가 있다.
근거 3) 세계 여러 나라와 경쟁하게 되면 더 수준 높은 영화를 만들 수 있게 된다.

2.
찬성 : 개고기를 먹는 문화에 찬성한다.
근거 1) 개고기를 먹는 문화는 우리의 오랜 전통 중 하나이다.
근거 2) 문화 상대주의에 의해 모든 문화는 존중되어야 한다.
근거 3) 개고기는 영양 보충을 해준다.

반대 : 개고기를 먹는 문화에 반대한다.
근거 1) 한국의 국가이미지를 떨어뜨린다.
근거 2) 과거 생존을 위해 어쩔 수 없는 선택이었다면 이제는 개고기 말고도 먹을 수 있는 음식이 많다.
근거 3) 개를 산업화 할 때 사육환경과 위생에 문제가 생긴다.

3.

대상도서	우리 앞의 세계화 이야기	
주제	해외여행은 우리 사회에 긍정적 영향을 미친다.	
주장	찬성	반대
	해외여행은 우리 사회에 긍정적 영향을 미친다.	해외여행은 우리 사회에 부정적 영향을 미친다.
주장의 이유	• 더 넓은 세계를 경험하게 해 준다. • 여가생활을 통해 삶의 질을 높여준다.	• 빈부 격차로 위화감을 조성한다. • 국외로 많은 돈이 흘러나가 경제를 어렵게 한다.

● **쓱싹 쓱싹 요리하기 : 재미있는 독서 글을 써요**　218쪽

1-3. • (좋은 점) 문화가 더욱 다양하고, 풍부해진다. 또한 외국인들의 문화와 우리의 문화가 어우러져 색다르고, 개성 있는 문화로 재창조된다.
• (나쁜 점) 우리와 다르다는 인식 때문에 이질감을 느끼게 되고, 그들을 우리의 구성원으로 받아들이지 못하게 된다.

2-1. 중국의 자장면, 인도의 카레, 불고기 피자 등

1. 세계시민 : 지구촌 곳곳에 너의 손길이 필요해

맛있게 읽어요　　232쪽

● **미리 맛보기 : 마음을 열어요**　　233쪽

1. 국어사전의 의미 : 지구 전체를 한 마을처럼 여겨 이르는 말. 등

2.

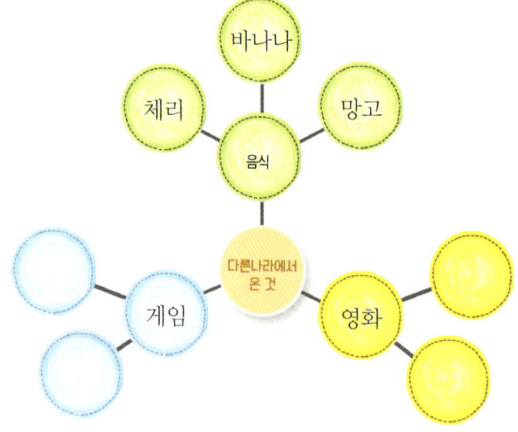

3. 미국에서 밀을 재배 → 밀 수확 → 트럭에 밀을 싣고 밀가루 공장으로 이동 → 미국 공장에서 밀가루를 만듦 → 밀가루가 미국의 항구로 이동 → 배에 싣고 한국 도착 → 트럭에 싣고 한국의 빵공장으로 이동 → 빵가게 → 나

4. 물건 : 생활이 너무 불편하고 답답할 것 같아요.
   음식 : 제가 먹을 수 있는 것이 많이 없어 질 것 같아서 걱정이 되요.

● 차근차근 맛보기 : 내용을 이해해요   235쪽

1.

(1) 카카오 농장에서 일하는 '마리암'은 초콜릿을 먹어본 적이 있다.	(×)
(2) 투발루에 사는 '마누아'가 자주 이사를 가야하는 문제를 해결하기 위해서는 투발루와 여러 나라가 함께 해결해야 한다.	(○)
(3) 아프리카에서는 할례 의식으로 목숨을 잃는 여자아이가 많다.	(○)
(4) 아프리카 케냐에 사는 '사무엘'이 떠가는 물은 '희망의 물'이다.	(×)
(5) 고향이 르완다의 '샘은 고향을 떠나 콩고민주공화국으로 피난을 떠났다.	(○)
(6) 수단의 '라엘'은 자기 원해서 소년병이 되었다.	(×)
(7) 탄자니아의 잠비니아 마을에는 콜레라라는 전염병이 돌아서 많은 사람이 죽었다.	(○)

2. 사람들은 이런 문제들을 해결하기 위해서 단체를 만들고 사람들을 모아 다같이 해결하려고 노력해요.

3. 아무도 신경쓰지 않는다면 지구에 사는 많은 사람들은 살기 힘들어 질 거예요. 지구에 사는 많은 사람들이 계속 힘들어 진다면 지구는 계속 유지되지 못할 수도 있을 것 같아요.

4. 깨끗한 지구, 물, 공기를 위해 노력하는 단체-그린피스, 세계평화에 기여하고 인권을 수호하는 단체-국제앰네스티, 고통 받는 어린이들을 위한 국제구호개발기구-월드비전, 전 세계의 빈곤 아동을 돕는 국제기구-세이브더칠드런, 세계인의 건강 지킴 단체-세계보건기구, 고통 받는 세계 주민들을 돕는 국제 민간 의료 구호단체-국경없는 의사회, 전쟁 방지와 평화 유지를 위한 국제기구-국제연합

● 다양한 맛 즐기기 : 넓고 깊게 생각해요   237쪽

1-2. 나랑 똑같은 학생인데 학교도 제대로 다니지 못하고 일을 하는 모습을 보니 슬프고 불공평하다는 생각이 들어요. 나처럼 공부할 수 있도록 도와주고 싶어요.

1-3. 마리암이 학교를 다닐 수 있게 기부를 해요. 마리암이 수확한 초콜릿을 제대로된 가격으로 사줘요.

2-2. 축구도 하지 못하고 초콜릿과 바나나도 먹지 못할 것에요. 그렇다면 운동하기도 힘들고 좋아하는 음식을 먹지 못해 너무 우울할 거에요.

3-1. 너와 내가 불평등하지 않고 공평하게 똑같이 나누거나 대우받는 거에요.

3-2. • 학교에서 발표를 하려고 똑같이 짝과 손을 동시에 들었는데 짝만 발표를 시켰어요.
     • 기분이 매우 나빴어요. 화가 났어요.

3-3. 초콜릿을 무조건 싼 가격이 아니라 마리암과 올리비에가 한 일에 알맞은 보상을 해줄 수 있는 가격에 초콜릿을 사야해요. 그러기 위해서는 공정한 가격의 물건이나 공정무역 물건을 사도록 노력해야 해요.

4-1. 중국, 몽골에서 시작되어 중국뿐 아니라 대한민국과 일본도 피해를 입고 있어요.

4-2. • 중국과 몽골에 사막이 생기지 않도록 나무를 심어요.
     • 중국에 환경 보호를 위해 노력하도록 캠페인 등을 해요.

● 함께 맛 나누기 : 독서 토론을 해요   241쪽

1.
찬성 : 공정무역 초콜릿을 사 먹어야 한다.
근거 1) 노동자들이 공정한 대가를 받아 생활이 안정된다.
근거 2) 수익금은 불우이웃에게 학교나 병원을 지어 어렵게 사는 사람들에게 도움이 된다. 등

교사지도안 및 예시답안

반대 : 공정무역 초콜릿은 사 먹을 필요가 없다.
근거 1) 대부분 아이들이 카카오를 따는데 초콜릿을 사 먹으면 부당한 노동을 하고 있는 아이들의 노동을 인정하는 것이 된다.
근거 2) 초콜릿에 대한 이익이 아프리카 농민들에게 간다는 보장이 없다. 등

2.
찬성 : 아동노동을 합법화 하여 인정해 줘야한다.
근거 1) 아동노동을 하는 아이들은 그 일마저 없으면 먹고 살기 힘들다.
근거 2) 법으로 정해지면 아동노동이 정당하게 보호 받을 수 있다. 등

반대 : 아동노동은 절대 인정해서는 안 된다.
근거 1) 아동노동은 아동의 인권을 무시하는 행동이다. (공부할권리, 보호받을 권리 등)
근거 2) 약자인 아동의 노동이 착취당할 수 있다. 등

● 쓱싹 쓱싹 요리하기 : 재미있는 독서 글을 써요 244쪽

1. 자기만의 국제기구, 비정부기구를 생각하여 보아요.

2. 자신이 봉사하고 싶은 나라를 정해 해외자원봉사 계획서를 써보아요.

2. 세계시민 : 노란 샌들 한 짝

● 미리 맛보기 : 마음을 열어요 249쪽

1-1. 파란색입니다.

1-2. 순위가 점점 떨어지고 있어요. 이것은 점점 평화롭지 못하게 변한다는 것이에요.

2-1. 자기들의 이익을 위해서 싸우는 것 같아요.

2-2. 참으며 우리나라에 있을 거에요. 다른 나라로 도 망칠 거예요. 등

2-3. 난민

2-4. 아니오. 언젠가 우리나라도 전쟁이 터질 수도 있다는 걸 생각하니 불안해요.

● 차근차근 맛보기 : 내용을 이해해요 251쪽

1. 난민촌

2.
- 전쟁을 피해 도망쳤어요.
- 리나는 엄마와 이스마투와 나지브와만 함께 살아요.
- 페로자는 할머니와 함께 살아요.

3.
- 옷이나 신발이 없어서 구호센터사람이 트럭을 가지고 올 때 헌 옷이나 신발을 얻어야 해요.
- 냇가에서 빨래를 해야해요.
- 수도가 없어서 물을 길러서 써야하고 물을 기르려면 긴 줄을 서야되요.
- 집이 없어서 텐트에서 살아야 되요.
- 학교가 작아서 여학생은 공부를 못해요. 등

4.
- 구호센터사람 트럭을 가지고 올 때 신발을 얻었는데 서로 한짝씩만 가지고 가게 되었어요.
- 다음날 냇가에서 서로 만나 친구가 되었어요.

5. 서로에게 한짝 씩만 있는 샌달을 합쳐서 번갈아 가며 하루씩 신기로 했어요.

6. 노란 샌들 한 짝씩

● 다양한 맛 즐기기 : 넓고 깊게 생각해요 253쪽

1. 페로자에게 힘이 될 수 있는 편지를 자유롭게 써보아요.

2-1.

나의 마음가짐과 다짐	• 난민촌이 아니라 우리나라에서 사는 것에 대해서 감사하게 생각해요 • 감사한 마음으로 불평, 불만보다는 열심히 생활해야 할 것 같아요. 등
내가 할 수 있는 일	• 난민문제에 관심을 가져요. (난민 문제가 있는 나라의 문제해결에 관심을 가지고 지지를 해준다.) 등 • 난민어린이를 도울 수 있는 방법을 찾아요. (기부를 한다.) 등

2-2. • 어려움을 겪고 우리나라에 온 다문화 가족들을 따뜻한 마음으로 받아줘요.
• 어려움을 겪고 있는 사람을 위해 기부를 하거나 도와줄 수 있는 자원봉사를 알아봐요.

3. 예쁜 샌들을 정성껏 그려보아요.

● **함께 맛 나누기 : 톡서 토론을 해요**   257쪽

의견	까닭
여학생은 공부할 교실이 없어서 공부하지 못하는 건 어쩔 수 없다.	여자보다는 남자를 우선하는 그 나라의 문화때문이기 때문에 그 문화를 존중하고 이해해주어야 한다. 등
여학생은 공부할 교실이 없어서 공부하지 못하는 상황은 옳지 않다.	여자와 남자에 차이가 없는데 남자를 우선하는 것은 남녀차별이므로 고쳐져야 한다. 등

2.
찬성 : 난민을 받아주어야 한다.
근거 1) 난민을 수용하지 않는다면 그들을 죽음에 이르게 한다. (난민의 인권, 인도주의적 차원)
근거 2) 우리나라나 선진국은 국제적으로 다른 나라를 도와줄 수 있는 위치에 있으므로 더불어 사는 지구촌에서 책임있는 행동을 해야한다.
근거 3) 다양한 문화를 받아들이는 기회이다. 등

반대 : 난민을 받아주지 말아야 한다.
근거 1) 난민을 계속 받는다면 받아주는 나라의 경제적인 부담이 된다.
근거 2) 난민중에 범죄자가 있을 수도 있어 나라의 안전을 위해 받지 말아야한다. 등

3.
찬성 : 당장의 물질적 기부는 도움이 된다.
근거 1) 돈 같은 물질적 기부로 당장 어려운 사람들을 빠르게 도와줄 수 있다.
근거 2) 물질적 기부로 해결해야하는 일들이 매우 많습니다. (우물을 만들거나 집을 짓거나 병원비등은 물질적 기부로 해결 가능합니다.) 등

반대 : 당장의 물질적 기부는 근본적인 도움이 되지 못한다.
근거 1) 물질적 기부는 잠깐을 도움을 받는 것이라 도움받는 것을 당연하다 느끼거나 게을러지는 등의 부작용이 있다.
근거 2) 더 나은 삶을 살 수 있는 방법(재능기부등)을 가르쳐주는 것이 더 낫다. 등

● **쓱싹 쓱싹 요리하기 : 재미있는 독서 글을 써요** 260쪽

1. 우리나라가 6·25전쟁으로 폐허가 되고 사람들이 살기 힘들었을 때 터키군인들은 앙카라학교를 세워 우리나라의 전쟁고아들을 도와주었어요.

2. • 시리아 난민들을 위해서 난민 학교를 지어주었어요.
• 난민학교에서 학생들이 공부를 할 수 있게 도와주고 있어요.

3. 많은 나라의 사람들이 함께 살아가고 있어요. 각각의 나라는 시대에 따라 상황이 달라질 수 있어요. 우리나라처럼 과거에 어려웠다가 다른 나라의 도움을 받아 현재에는 큰 발전을 한 것처럼 말이에요. 그러므로 나와 우리나라는 과거의 우리나라에 도움

교사지도안 및 예시답안

을 준 나라처럼 다른 나라의 어려움을 이해하고 돕도록 노력해야 해요.

4.
   - 레인보우 봉사단
   - 다양한 인종과 국가의 사람들이 모여서 있어서 무지개 색 레인보우로 지은 것 같아요.

5. 우리가 도움을 주어야 한다고 생각해요. 그 사람들은 우리나라에 대해서 잘 모르고 힘들게 살고 있기 때문이에요.

   우리가 도움을 받아도 된다고 생각해요. 우리나라에서 많은 도움을 주고 그 사람들이 안정적으로 살게 되면 우리나라의 힘들 사람들도 도움을 받아도 문제가 없을 것 같아요.

   모두 같이 함께 살기 위해서는 서로 도움을 주고 받아야 할 것 같아요.

6. 우리는 우리나라에 살고 있는 다른 나라사람들을 우리와 다르다고 차별하고 무조건 우리보다 어려우니 도움을 줘야하는 사람들이라고만 생각하지 말아야해요. 우리는 서로 도움을 받고 도움을 줄 수 있는 관계로 바라봐야할 것 같아요.

후식을 즐겨요 264쪽

1-2. 관심이 있는 나라를 알기위한 다문화 체험계획서를 자유롭게 세워보아요.

2-2.

상황	이렇게 하면되요
웃어른을 만났을 경우	우리나라에서는 어른들게는 손인사보다는 "안녕하세요"라고 말하며 가벼운 목례나 손을 모으고 허리를 조금 굽히며 인사하면 된단다.
어른과 밥먹을 때	어른이 먼저 식사를 시작하고 나서 먹기 시작하는 것이 예의야.

부록 1 : 〈독서새물결 독서토론지-개요〉

20   년   월   일   (   )학교 (   )학년, 성명 (   )

대상 도서	우리 그림이 들려주는 사람이야기	
주제	유교적 전통문화는 오늘날에도 계승되어야 한다.	
	찬성	반대
주장	유교적 전통문화는 계승되어야 한다. * 1발제자가 정의, 범주, 방향 설정	유교적 전통문화는 계승되지 말아야 한다. * 찬성 발제자의 정의 등을 수용하거나 재정의함
주장의 이유	1. 한 나라의 전통문화를 계승하고 지킨다는 것은 우리나라의 주권, 정체성을 지킨다는 의미와 같으므로 반드시 계승되어야 한다. 2. 현대사회에서의 여러 문제점들(살인 등)을 유교의 계승과 교육을 통해서 방지할 수 있다. * 이유가 서로 달라야하며, 팀원 간에도 달라야함	1. 유교적 전통문화는 현대인들의 생활에 많이 맞지 않는 문화이다. 현대인들에게 맞는 변형이 필요하다. 2. 하나를 잃고, 하나를 얻는 것이 정치라면, 전통문화의 계승보다는 미래를 향한 진보를 위한 개혁이 더 중요하다.
주장의 근거 (논증)	1-1) 〈대상도서 내 근거〉 (116쪽 씨름 참고) 우리 백성들을 하나로 묶을 수 있었던 씨름 같은 민속놀이는 오늘날에도 계승되어야 우리의 정체성을 지킬 수 있다. 요즘 우리는 외래문화에 젖어 우리의 정체성을 잃을 수도 있다. (140쪽 황현초상 참고) 1-2) 〈대상도서 외 근거〉 유교와 같은 우리의 전통문화를 계승하지 않는다는 것은 우리 조상의 삶과 지혜를 부정하는 것과 같다. 세계화 속에서도 우리 것을 지킬 수 있어야 진정한 글로벌 시대를 맞이할 수 있으며 일제강점기와 같은 비극을 예방할 수 있다. 2-1) 〈대상도서 내 근거〉 (164쪽 오륜행실도 참고) 루백의 효성으로 호랑이를 잡은 이 이야기 속에서 오늘날 무너지고 있는 인륜을 반성해 볼 수 있다. 서당(120p. 김홍도)과 같은 그림처럼 교육이 살아난다면 오늘날 벌어지고 있는 많은 패륜 범죄들도 줄일 수 있을 것이다.	* 왼쪽과 같은 문장(문단)형으로 해도 되며, 반대처럼 개조식(비문장, 요점)으로 해도 됨 1-1) 〈대상도서 내 근거〉 – '투호도'(76쪽) – '미인도'(56쪽) 1-2) 〈대상도서 외 근거〉 (통계자료나 전문가 자료 등) – 현대인들에게 이 도서에서 볼 수 있는 그림들을 보여주면 대다수가 처음 본다는 결과. – 유교적 전통 문화 를 계승한다는 정책을 실시한다 해도 현대인들에게 예산 낭비.

주장의 근거 (논증)	2-2) 〈대상도서 외 근거〉 요즘 TV나 여러 매체들을 보면 흉악한 범죄나 사기극이 난무하고 있다. 10명이 TV를 봤다하면 9명 이상은 범죄소식을 봤다는 처지이다.(MBC 뉴스 내용 중) 이런 범죄를 줄일 수 있는 방법은 먼 곳에 있지 않다.	2-1) 〈대상도서 내 근거〉 – '기와 이기'(40쪽)라는 그림을 보면 현재에는 민속촌에나 남은 기와집에 대한 그림이 나와 있는 데, 이런 기와 집을 부활시키려는 정책 보다 미래의 변화에 대한 준비가 더 필요하다. 2-2) 〈대상도서 외 근거〉 – 글로벌 시대에 알맞지 않다. – 정치적이나 사회적이나 현대사회에선 큰 변화가 일어나고 있다.
반론 (교차 조사 포함) 및 예상 반론 꺾기	1. 서당과 같은 교육을 해야한다고 하셨는데 이런 교육을 실시한다고 해서 어떤 문제점들이 어떤 과정으로 해결될 수 있나? – 요즘 교육현실과 연관지어 보자면, 학생들이 선생님에게 대들고, 심지어는 폭행마저도 하는 경우가 있다. 이건 유교적 전통문화에 어긋나는 행위이다. 이런 유교적 전통문화를 어렸을 때부터 교육한다면 이런 덕목들을 몸에 익힐 것이고, 자연스럽게 위의 문제도 해결된다.	1. 무조건 개혁을 추구한다는 것 자체도 하나의 사회적 모순이 아니겠나? – 영화 '광해'를 본다면 하나를 잃고 하나를 얻는 것이 정치라 했다. 이 상황을 예로 든다면 전통문화보다는 미래의 개혁에 대한 준비를 하는 것이 더 중요한 일이라 생각한다.
정리	유교적 전통 문화는 우리나라의 주권, 정체성, 그리고 개성과 같다.	개혁에 대한 준비가 필요한 시기에 보수적인 것을 고집한다는 것은 사회적 모순과 같다.

메모장

메모장